Impressum

Autor: Georg Redekop, Alte Poststraße 13, 31008 Elze

Website: www.georgredekop.de

E-Mail: info@georgredekop.de

Datum: 16. Juni 2023 (1. Auflage)

ISBN: 9798850639341

Dieses Buch ist Menschen
gewidmet,
die anderen Menschen
dienen.

Inhaltsverzeichnis

Start

Ein erstes Wort

Spielen, um zu gewinnen

Die Idee zu diesem Buch kam mir während der Corona-Pandemie, mitten in unserem Sommerurlaub 2020, den wir nicht an einem Südseestrand verbrachten, sondern zu Hause. Statt Sandburgen am Strand zu bauen, begnügten mein Großer, damals drei Jahre jung, und ich uns damit eine Holzeisenbahn nach der anderen zu bauen.

Damals ahnte ich nicht, dass dieser Urlaub in die Geschichte eingehen wird, zu mindestens in meine. Denn in diesem Urlaub lehrte mich mein dreijähriger Sohn eine Lektion fürs Leben. Eines Tages hatten wir die beste und ausgeklügeltste Holzeisenbahnstrecke überhaupt gebaut. Mit zahlreichen Kurven und Windungen, mit Tunneln und Brücken, mit Überholspuren, Bahnhöfen und einem Hafen. Ja, wir haben zahlreiche Holzeisenbahn-Sets gekauft, erstanden und geschenkt bekommen.

Jedenfalls, ich war ziemlich zufrieden mit unserem Werk und entschied mich dazu, mir eine wohlverdiente Pause zu gönnen. Mit einem Kaffee und einem Double Chocolate Cookie würdigte ich unser Werk auf der Terrasse. Als ich dann 15 Minuten, ach, sagen wir 20 Minuten später wieder ins Wohnzimmer kam, wo wir die Bahn aufgebaut hatten, wurde ich Augenzeuge einer Tat, die ich niemals vergessen werde.

BAM! Mit einer kräftigen Bewegung riss mein Großer die Holzeisenbahn wieder ab. Unsere Augenpaare trafen sich. In meinen konnte er lesen: *„OH MEIN GOTT! Was machst Du da? Das ist die beste Strecke, die wir je gebaut haben und Du reißt sie nur 20 Minuten später wieder ab? Ich hatte nicht mal die Gelegenheit mit ihr zu spielen.“* Ja, auch ich spiele gern. Und in seinen Augen konnte ich lesen: *„Ja, was?! Willst Du sie jetzt verwalten lassen, oder was?“*

In diesem Moment fiel es mir wie Schuppen von den Augen. Kinder spielen, um zu gewinnen. Und die Message meines Sohnes an mich lautete: *„Papa, fang wieder an zu spielen, um zu gewinnen."*

Gewinnen, …

… neue Erfahrungen.
… neue Fertigkeiten.
… neue Ideen.
… neue Perspektiven.
… neue Menschen.
… neue Möglichkeiten.
…

Spielen, um zu gewinnen, bedeutet aber auch den Mut zu haben, Risiken einzugehen und zu tragen, die andere nicht bereit sind zu tragen.

Dieses Buch ist die Summe der letzten sieben Jahre, in denen ich mich für meine Auftraggeber mit den Themen *„Führung"*, *„Digitalisierung"* und *„Investments"* beschäftigen durfte. Diese drei Themen gehen Hand in Hand. Die Digitalisierung, in welchem Bereich auch immer, ist ein People-Business. Es geht darum Menschen für das Neue zu begeistern. Die Sache ist bloß die, wir Menschen mögen keine Veränderungen.

Daher braucht es Führungskräfte, die ihre Mitarbeiter abholen, mit Empathie und Aufmerksamkeit ihre Bedürfnisse und Ängste erkennen, und sie für das Neue, für das Gewinnen begeistern. Jede Transformation beginnt mit Dir und den Menschen, auf die Du einen Einfluss hast.

Und natürlich geht das alles mit Investments einher. Investments in Technologie, doch insbesondere in Menschen und ihre Ideen. Und dass sich das alles dann auch noch finanziell auszahlt, ist natürlich auch wichtig und drin, in diesem Buch.

Und es ist mein siebtes Buch, das ich unter meinem Namen veröffentliche. Überhaupt ist die Sieben eine Zahl, die eine große Bedeutung hat: Siebenmeilenstiefel, sieben Geißlein, sieben Berge, sieben Zwerge. Oder auch in der Bibel: *„Gott erschuf die Welt in sieben Tagen, ruhte am siebten Tag und machte ihn zum Ruhetag.“* Irgendwie doppelgemoppelt die Sache mit dem Ruhen. Aber gut, ist halt die Bibel, ist geschenkt.

Dann gibt es da natürlich noch das verflixte siebte Jahr, nachdem die Ehen kriseln und zerbrechen sollen. Dieser Mythos stammt noch aus der Antike. Zur damaligen Zeit wurde das Leben der Menschen in Lebensphasen eingeteilt. Demnach beginnt alle sieben Jahre eine neue Lebensphase und bringt Veränderungen mit. Mit sieben Jahren fallen Kindern die Milchzähne aus, mit 14 beginnt die Pubertät und mit 21 ist der Mensch endgültig erwachsen. Daraus resultiert nun also das verflixte siebte Jahr. Gott sei Dank widerlegt meine Ehe diesen Mythos. Und dann gibt es da noch diverse Statistiken, die das auch tun.

Lucky Number Seven, also. Sieben Jahre sind ein guter Zeitraum, um richtig was zu reißen. Und darum handelt auch dieses Buch. Ich möchte die Message von meinem Sohn in die Welt tragen, damit wir alle wieder so richtig was reißen. Ähnlich wie die Bibel, ist dieses Buch voll mit Geschichten, Anekdoten und Ideen von Menschen, die richtig was gerissen haben. Denn wir alle brauchen Vorbilder, von denen wir lernen können.

Dieses Buch ist ein Aufruf dazu wieder mehr zu spielen, um zu gewinnen. Es soll begeistern und zum Nachahmen anregen, denn verwaltet haben wir lange genug.

So viel also zum Inhalt dieses Buches. Wen adressiere ich damit? Dieses Buch richtet sich an Menschen (Führungskräfte), die anderen Menschen (Mitarbeiter) dienen und in deren Leben einen echten Unterschied machen wollen. Es richtet sich an Menschen, die es satt haben zu verwalten und endlich wieder was reißen wollen, die gewinnen wollen. Es richtet sich an Menschen, die andere für ihre Ideen begeistern wollen, aber nicht wissen wie. Es richtet sich an Menschen, die die Digitalisierung oder welche Transformation auch immer in ihrer Organisation vorantreiben wollen. Es richtet sich an Menschen, die begeisternd führen möchten.

Da der Fortschritt unserer Vorhaben von der Intensität unserer Aktivitäten abhängig ist, habe ich mir die Freiheit genommen, am Ende eines jeden Kapitels To Dos für Dich einzubauen. Um Dich zu aktivieren. Schreib mir gerne, was Du so alles gerissen hast. Oder ruf mich einfach an, wenn Du meine Nummer hast.

Ich freue mich von Dir zu hören!

Georg, Hannover, 16. Juni 2023

1

Führung: Es beginnt mit Dir

Wir alle sind Führungs-kräfte

Es ist immer Showtime

Wir Menschen stammen bekanntlich von den Affen ab. Man kann daran glauben oder es auch sein lassen. Interessant ist jedoch, dass sich einige Parallelen zwischen uns und unseren haarigen Verwandten beobachten lassen. Parallelen, die sich besonders gut während Umbruchphasen wie der digitalen Transformation, der COVID-19-Krise oder des aktuellen Ukraine Krieges beobachten lassen. Eine dieser Prallelen möchte ich nachfolgend herausgreifen, weil sie einen entscheidenden Erfolgsfaktor bei jeder Veränderung darstellt.

Wusstest Du, dass ein Pavianrudel alle 20-30 Sekunden zu seinem Anführer, dem Alpha-Männchen, schaut, um festzustellen, ob noch alles in Ordnung ist? Wenn der Anführer lässig rumhängt, dann hängen auch die restlichen Rudelmitglieder lässig rum und gehen ihrem Tagewerk nach. Sobald der Anführer aber auch nur die kleinsten Anzeichen von Aufregung ausstrahlt, dann gerät das ganze Rudel in Aufruhr woraufhin sich Hektik, Chaos und Panik breitmachen.

Ähnlich verhält es sich auch bei uns Menschen. Wir schenken Gedanken, Worten und Handlungen der Menschen, die einen großen Einfluss auf unsere persönliche Situation haben, besondere Aufmerksamkeit. Bei diesen Menschen handelt es sich beispielsweise um Personen, die die Geschicke unseres Landes steuern oder die der Organisation, in der wir tätig sind. Diese Menschen haben großen Einfluss auf unsere aktuelle Situation und all die anderen Dinge, die damit verbunden sind wie Einkommen, Arbeitsplatzsicherheit oder das Wohlergehen unserer Familie.

Kurzum: Führungskräfte spielen bei jeder Transformation eine entscheidende Rolle. Was mitunter eine große

Herausforderung ist, zumal der Wandel sehr schnell vonstattengehen kann. Laut einer Studie der BWA Akademie ist der Großteil der deutschen Manager mit der Digitalisierung überfordert. Aus dem Arbeitsmarkt Report New Work geht hervor, dass 89 Prozent der Manager bei der Digitalisierung an ihre Grenzen stoßen. Verunsicherung und Ratlosigkeit machen sich breit. Was vielleicht auch ein Stück weit damit einhergeht, wie wir unsere Führungskräfte ausbilden.

Nach wie vor hält sich das hartnäckige Bild einer Führungskraft, die ein Unternehmen quasi im Alleingang umkrempelt und zukunftsweisend aufstellt. Dieses Bild wird von der Medienberichterstattung zusätzlich befeuert, indem beispielsweise visionäre Manager wie Steve Jobs oder Elon Musk als One-Man-Show dargestellt werden. Versteh mich bitte richtig. Ich möchte den Verdienst dieser Menschen keineswegs schmälern. Zumal ich selbst ein Applejünger bin. Doch im Alleingang haben diese Persönlichkeiten die Welt nicht verändert.

So hatte beispielsweise Steve Jobs bei der Gründung von Apple Steve Wozniak an seiner Seite. Beide einte ein starkes Warum (die Vision): den Status quo anzugreifen und Menschen zu befähigen, das Beste aus ihren Ideen herauszuholen. Während Steve Jobs ein geniales Verkaufsgenie war, wusste Steve Wozniak wie man die Dinge technisch umsetzt. Später kamen dann weitere Menschen hinzu, die sich von dem Warum der beiden Gründer angezogen fühlten. Menschen, die das Unternehmen Apple mit ihren Ideen groß machten.

Umso erfrischender ist es, wenn man Führungskräften begegnet, die keinen Hell draus machen, dass sie nicht wissen, wie die Zukunft genau aussehen wird. Gleichzeitig bringen sie jedoch die notwendige Lösungskompetenz mit, die ihren Mitarbeitern das Gefühl von Vertrauen und Handlungsfähigkeit vermittelt. Diese Manager eint, dass sie genau wie die Gründer von Apple eine gewisse Vision für ihre Organisation haben. Diese Vision stellen sie ihren Mitarbeitern vor und verdeutlichen gleichzeitig, warum und wofür es wichtig ist, dass sich das Unternehmen in diese Richtung in Bewegung setzt, sowie was das für jeden einzelnen bedeutet. Und das ganz ohne Panik und Chaos. Wie das funktioniert, davon handeln die nachfolgenden Kapitel.

Übrigens, wir alle sind Führungskräfte. Es ist immer Showtime. Es gibt keine Pause. Wir haben immer Einfluss auf unser Umfeld. Immer. Auch wenn ich keine Führungskraft im klassischen Sinne bin, so führe ich doch die Menschen in meinem Umfeld, sogar meine Führungskräfte. Und Du tust das auch. Lass sie uns, also die Menschen in unserem Umfeld, so führen, dass sie mit uns spielen, um zu gewinnen.

To Do:

Ist Dir klar, dass Du führst? Ganz gleich ob Du Führungskraft im klassischen Sinne bist oder nicht. Du hast immer Einfluss auf Dein Umfeld. Es ist immer Showtime. Immer.

1.1

Tauschen, um zu wachsen

Einen Arbeitsplatz mit absoluter Sicherheit wird es nie geben

Neulich las ich in dem Buch *Die 15 Gesetze des Erfolgs: Was Sie wissen müssen, um als Persönlichkeit zu wachsen* etwas über das Prinzip des Tauschens. Laut dem Autor, John C. Maxwell, geht es darum, dass man etwas aufgeben muss, um zu wachsen. John, selbst Pastor, Autor und gefragter Redner, brachte ein Beispiel aus seiner Jugend. Damals spielte und sammelte er mit seinen Freunden Murmeln. Es gab zwei Wege, um besonders seltene Murmeln zu ergattern. Entweder man hatte das Glück, diese in einem Sammelset zu kaufen oder man spielte um die Murmeln.

John hatte einen Freund, der eine besonders seltene Murmel besaß. Und diese wollte John unbedingt haben. Er wollte jedoch nicht so lange warten, bis diese ihm in einem Set ebenfalls zufallen würde – außerdem war die Wahrscheinlichkeit dafür sehr gering. Das Problem war nun, dass der besagte Junge jedoch nie um diese besondere Murmel spielte. Also musste John sich etwas anders überlegen.

Er kam zu dem Schluss, dass es nur über einen Tausch funktionieren konnte. Also bot er dem Jungen an, dass er sich irgendeine von seinen Murmeln aussuchen kann. Dieser war jedoch nicht daran interessiert. Daraufhin bot John ihm zwei, dann drei und später vier Murmeln an. Doch erst als er ihm sieben Murmeln anbot, war der Junge einverstanden zu tauschen.

Ich persönlich gehöre der Gogo-Generation an und bei uns lief es damals nicht anders als bei John und seinen Freunden ab. Für mich ist das Prinzip des Tausches also auf Anhieb einleuchtend. Auch habe ich jahrelang Schach gespielt. Auch hier begegnete mir dieses Erfolgs-Prinzip immer wieder. Im Laufe des Spiels kam man immer wieder in eine Situation, in der man seine wertvollste Figur für eine Chance zu gewinnen aufgeben (tauschen) musste.

Es geht also nicht nur darum zu spielen, um zu gewinnen, sondern sich auch die Frage zu stellen, ob das, was ich hier vor mir habe, noch den Zweck erfüllt. Oder ist es an der Zeit, es links liegen zu lassen und sich etwas Neues zu suchen?

Aber auch im Berufsleben begegnet mir dieses Prinzip immer wieder. Vor 200 Jahren waren die meisten Menschen zu Pferd und mit der Kutsche unterwegs. Irgendwann kam dann die Eisenbahn auf und später dann das Automobil. Diese verdrängten das Pferd als Hauptfortbewegungsmittel von unseren Straßen vollständig. Damit einhergehend traf es die Sattler entsprechend hart. Die meisten gingen damals wahrscheinlich auf die Straße, um zu demonstrieren. Was für eine Unverschämtheit den Pferden gegenüber. Das könne man doch nicht machen. Und überhaupt soll die schnelle Reisegeschwindigkeit mit Zug und Auto ungesund für den menschlichen Körper sein.

Ich kann mir gut vorstellen, dass solche Aussagen damals gefallen sind, denn wir Menschen mögen einfach keine Veränderungen. Wir halten uns krampfhaft an Dingen fest, die längst ausgedient haben. So sagte Kaiser Wilhelm II. einst: *„Ich glaube an das Pferd. Das Automobil ist eine vorübergehende Erscheinung.“* Zu dem Fall Pferd versus Automobil kommen wir noch an einer anderen Stelle in diesem Buch. Jetzt jedoch wieder zurück zu den Sattlern.

Während sich also die meisten der betroffenen Sattler über ihren Beruf definierten, gab es auch Sattler, die sich über ihre Fähigkeiten definierten. Diese machten dann den Anfang und sattelten im wahrsten Sinne des Wortes einfach um. Sie wechselten einfach das Pferd oder sollte ich sagen das Fortbewegungsmittel, für das sie ihre Leistung anboten. Statt Pferdesattel, fingen sie an Sitzpolster für die Eisenbahn- und Automobilindustrie herzustellen.

Ich selbst habe bereits in den letzten sieben Jahren sechs Mal mein Tätigkeitsfeld entweder vollständig oder teilweise getauscht, um zu wachsen. Dabei hat mich die Digitalisierung stets begleitet. Entweder indem ich mich fast zu Grenzkosten von null weiterbilden konnte oder in dem ich digitale Lösungen entwickelt habe, die das Unternehmen weiterbringen und damit meinen Platz im Unternehmen sichern. Einen Arbeitsplatz mit absoluter Sicherheit wird es jedoch nie geben. Die einzige Sicherheit, die Du und ich haben, ist unsere Bereitschaft, uns persönlich weiterzuentwickeln und immer wieder aufs Neue zu tauschen. Habe den Mut, das Fett, also die Dinge, die Dich nicht mehr weiterbringen, abzuschneiden.

To Do (A):

Manchmal müssen wir etwas Liebgewonnenes aufgeben, um das nächsthöhere Level zu erreichen. Denk mal bitte über sinnvolle Tauschgeschäfte aus Deiner Vergangenheit nach. Gibt es aktuell ein lohnendes Tauschgeschäft, das Du tätigen kannst? Gibt es etwas, das Du aufgeben solltest, um Raum für etwas Neues zu schaffen?

To Do (B):

Als Führungskraft solltest Du Dir diese Fragen auch in Bezug auf Dein Unternehmen stellen.

1.2

Eine Frage der Führung

Wie würdest Du es machen?

„Menschen, die sich nicht bedeutend fühlen, leisten selten bedeutende Beiträge.“

Neulich traf ich mich mit einem guten Bekannten von mir. Nennen wir ihn Klaus. Wir kennen uns schon seit über 13 Jahren. Ihm verdanke ich beispielsweise meine Studiengangswahl.

Als wir damals zusammen die Fachoberschule Technik besuchten, fragte er mich, welches Studium ich anschließend antreten möchte. Ich antwortete ihm, dass ich mir darüber noch überhaupt keine Gedanken gemacht habe. Daraufhin er: *„Hey Georg, lass uns doch zusammen Wirtschaftsingenieurwesen für Elektrotechnik studieren."* Woraufhin ich mich, ohne auch nur einmal in das Curriculum zu schauen, an der Hochschule für eben diesen Studiengang anmeldete. Erst an meinem ersten Studientag an der Hochschule merkte ich, vor welch einem Berg ich dastand.

Als wir uns neulich wiedersahen, berichtete er mir von seiner steilen Lernkurve im Baugewerbe, in dem er schon seit gut zwei Jahren tätig ist. Gerade in der aktuellen Zeit, in der das Baugewerbe mehr als genug zu tun hat, leben die Unternehmen von engagierten und lernbereiten Mitarbeitern. Und wenn man das ist, dann ist nicht nur die Lernkurve steil, sondern man bekommt auch immer mehr Verantwortung übertragen.

Im Laufe des Gesprächs verriet er mir, warum sein Chef ihm immer mehr Verantwortung übergibt. Wann immer er oder auch seine Kollegen auf einer Baustelle vor einem Problem stehen, das sie mit ihrem Wissensstand nicht lösen können, nimmt sich Klaus die Zeit und stellt den erfahrenen Hasen eine beinah magische Frage: Wie würdest Du es machen? Hierbei handelt es sich um eine offene, interessierte Frage, die das Gegenüber aktiviert. Und entweder er kennt die Antwort und teilt sie mit meinem

Bekannten oder aber sie diskutieren zusammen mögliche Lösungen, die auf der Erfahrung des Gegenübers basieren. Mit den gewonnenen Informationen macht sich Klaus dann auf den Weg ins Büro und teilt sie wiederum mit seinem Team.

Während dieser Schilderung meines Bekannten erinnerte ich mich an die Worte von Dave Wheeler, einem Experten für organisatorische Wirksamkeit von Führungskräften. Dave hält die vier Worte *„What do you think?"* für die vier wichtigsten Worte im Vokabular einer Führungskraft. Diese vier Worte wirken nicht nur aktivierend auf das Gegenüber, sondern zeugen auch von Anerkennung. Und das ist wichtig. Klaus fragt mit aufrichtiger Anerkennung und Interesse am Menschen und an seinem Wissen. Denn würde er das nicht machen, würde es ihm nur um das Wissen gehen, dann würden es die, die er fragt, schnell mitbekommen und ihr Wissen nicht mehr mit ihm teilen. Menschen merken schnell, ob man sie einfach nur ausnutzen will, oder ob man aufrichtiges Interesse an ihnen zeigt.

„What do you think?", ist also eine Frage, die sowohl den Fragenden als auch den Antwortenden gleichermaßen strahlen lassen sollte. Was mich wiederum zu der Aussage von Mark Sanborn, Autor und Verkaufs-Guru, führt: *„People who don't feel significant rarely make significant contributions." Übersetzt: „Menschen, die sich nicht bedeutend fühlen, leisten selten bedeutende Beiträge."*

To Do:

Man kann Menschen befehlen, was sie zu tun haben, oder aber man aktiviert sie mit wertschätzenden Fragen: Wie würdest Du es machen? Was denkst Du darüber? Hast Du auch an XYZ gedacht?

1.3

Die Kunst, Einfluss zu nehmen

Die meisten Ideenentwickler werden nicht gehört

„Lassen Sie den anderen glauben, die Idee stamme von ihm.“

Ob die Digitalisierung einer Organisation oder die Ausrichtung der Energieversorgung auf erneuerbare Energiequellen, jede Art von Transformation ist eine Teamaufgabe. Einer allein kann das alles niemals schaffen. Das bedeutet aber auch, dass man andere Menschen von seinen Ideen überzeugen und für sich einspannen muss. Was mitunter nicht immer leicht ist.

Manchmal helfen externe Schocks dabei den Stein ins Rollen zu bringen, so wie die Nuklearkatastrophe von Fukushima im Jahre 2011. Durch einen zerstörerischen Tsunami kam es damals zu einer Folge von schweren Störungen im japanischen Kernkraftwerk Fukushima. Was dann bei uns in Deutschland dazu führte, dass plötzlich die Bereitschaft in der Politik und in der Gesellschaft für den Atomausstieg hochschnellte. Infolgedessen die Atommeiler quasi über Nacht vom Netz genommen wurden.

Ein ähnliches Bild zeichnet sich beim Beschluss des Sondervermögens für die Modernisierung der Bundeswehr, im Zuge des Überfalls Russlands auf die Ukraine. Plötzlich wurde etwas in kürzester Zeit beschlossen, über das man zuvor Jahre diskutiert hat.

Man muss jedoch nicht erst darauf warten, bis es um einen herum knallt und kracht, um Ideen voranzutreiben. Man kann diese auch proaktiv vorantreiben. Doch leider werden die meisten Ideenentwickler nicht gehört, sodass ihre Ideen in den Schubladen ihrer Schreibtische Staub ansetzen.

Ich erinnere mich an ein Event der Leibniz Universität Hannover, bei dem die unterschiedlichen Institute der Universität ihre aktuelle Forschung dem interessierten Fachpublikum vorstellten. Die Keynote für dieses Event hielt ein Professor der Leibniz Universität, der in den USA an der Entstehung von schwarzen Löchern forschte. Er fackelte auf der Bühne eine großartige Show ab. Es gelang ihm dieses komplexe Forschungsgebiet auch fachfremden Menschen näherzubringen. Er berichtete nicht nur über seine kürzlich gemachten Durchbrüche, sondern unterhielt sein Publikum, wodurch die von ihm transportierten Ideen leichtverständlich wirkten.

In meiner unmittelbaren Nähe standen zwei seiner deutschen Kollegen. Und ich weiß es noch, als wäre es erst gestern gewesen. Der eine wandte sich dem andere zu und sagte: *„Verkaufen haben sie ihm ja beigebracht, dort in Übersee."*

Ich bin mir nicht sicher, ob sie damals neidisch auf seine Durchbrüche oder auf seine Performance auf der Bühne waren. Was ich jedoch weiß, ist, dass die Idee noch so gut sein kann, wenn man sie anderen nicht verkauft kriegt, wird es sehr schwer sie umzusetzen. Auch weiß ich, dass wir Deutschen ein Problem mit dem Wort *„Verkaufen"* haben. Doch beim Verkaufen geht es letztlich einfach nur um effektive Kommunikation, was viele Dinge leichter macht.

Leider ist der besagte Professor eine der wenigen akademisch geprägten Personen, denen ich liebend gerne Stunden lang zuhören könnte. Und das, obwohl ich mich nicht für schwarze Löcher interessiere. Fakt ist jedoch, dass die meisten deutschen Ingenieure, ich greife die hier mal exemplarisch heraus, weil ich auch einer bin, ihre Ideen einfach nicht kommunizieren können. Woher auch?

Diesen entscheidenden Soft-Skill, der in Wahrheit ein Hard-Skill ist, bekommen sie nur unzulänglich im

Studium vermittelt. Und später wird diese Fähigkeit nicht trainiert. Dieses Kapitel soll diesen Missstand jedoch richten. Es wendet sich an alle, die lernen wollen, wie sie ihre Ideen effektiv kommunizieren können. Es darf nämlich nicht sein, dass beispielsweise die Digitalisierung in einer Organisation auf der Strecke bleibt, nur weil die Ideenentwickler ihre Ideen nicht überzeugend rüberbringen können.

Ein guter Anfang, wenn man effektiv zu kommunizieren lernen möchte, ist der Bestseller *Wie man Freunde gewinnt: Die Kunst beliebt und einflussreich zu werden* von Dale Carnegie. Für die Recherche zu diesem Kapitel griff ich unter anderem zu diesem Buch in meiner Bibliothek.

Als ich es also seit langer Zeit wieder mal in den Händen hielt, schlug ich es einfach auf. Zum Vorschein kam das Kapitel *Wie man die Mitarbeit der anderen gewinnt*, also genau das, was man braucht, um andere für beispielsweise die digitale Transformation zu gewinnen. Den Inhalt des Kapitels hat Dale auf die folgende Regel zusammengerafft: *„Lassen Sie den anderen glauben, die Idee stamme von ihm.“*

Was das in der Praxis bedeutet, bekam beispielsweise das Unternehmen General Mills im Jahr 1947 beim Launch eines neuen Produktes zu spüren. Damals brachte das Unternehmen die erste Fertigbackmischung für Kuchen auf den Markt. Die Idee war, dass man die Hausfrauen durch das Produkt im Haushalt entlastet. Doch anders als von den Lebensmitteltechnikern (da haben wir sie wieder, die akademisch geprägten Menschen) erwartet, floppte das Produkt am Markt.

Bereits nach kurzer Zeit entwickelte es sich zu einem Ladenhüter. Doch anstatt die Flinte ins Korn zu werfen, führte das Unternehmen Interviews mit der Zielgruppe durch.

Es stellte sich heraus, dass die Hausfrauen nicht etwa die Qualität des Produkts bemängelten. Das Produkt war sehr gut. Die Hausfrauen identifizierten sich jedoch nicht mit dem Endergebnis, dem Kuchen, weil sie nichts Persönliches mehr dazu beitragen konnten. Es war ja alles bereits fertig, sie mussten es nur noch vermischen. Auf Basis dieser Erkenntnis entfernte das Unternehmen das Trockeneipulver aus der Mischung, sodass die Hausfrauen frische Eier in den Teig hinzufügen mussten, oder sollte ich lieber sagen konnten? Nach dieser kleinen Veränderung entwickelte sich das Produkt in kürzester Zeit zu einem Bestseller.

Die Methode, die Dale in seinem Buch beschreibt und die von General Mills erfolgreich angewandt wurde, ist der mittlerweile ausgiebig erforschte Ikea-Effekt. Wir Menschen wollen die Möglichkeit zur Mitgestaltung haben. Denn sobald wir mitgestalten, passiert etwas Magisches. Wir fangen an, uns mit der Idee zu identifizieren und gehen sogar gerne die Extrameile, wenn es mal schwierig wird. Plötzlich ist es nicht mehr irgendeine Idee, sondern unsere (gemeinsame) Idee.

Eine weitere Methode, um Menschen dazu zu bringen, etwas zu tun, was in unserem Sinne ist, ist die Schaffung von Referenzerfahrungen. Als ich versuchte den Verantwortlichen bei uns im Unternehmen verständlich zu machen, dass sich mit der Einführung der Low-Code Technologie neue Möglichkeiten bei der Digitalisierung unserer Prozesse ergeben, scheiterte ich bei den ersten beiden Anläufen.

Ich wollte damals eine in die Jahre gekommene Software neuauflegen und skizzierte meine Idee im ersten Anlauf als Management Summary auf einer DIN A4 Seite. Zurück kam ein Nein. Begründung: Kein Geld. Zu kompliziert. Keine Kapazitäten. Ich sollte meine Zeit nicht damit verschwenden.

Ich dachte mir, dass man meine Idee einfach nicht ganz greifen konnten. Die Low-Code Technologie begegnet nämlich gerade den genannten Argumenten (kein Geld, zu kompliziert und so weiter). Also erweiterte ich mein Management Summary auf vier DIN A4 Seiten, auf denen ich die Argumente außer Kraft setzte. Aber auch diese vier DIN A4 Seiten verfehlten ihre Wirkung. Kein Entscheider liest sich vier Seiten Text durch, wenn er nicht von Anfang an von der Idee gepackt wurde.

Beim dritten Anlauf machte ich deshalb alles anders. Anstatt noch mehr Seiten an Ausführungen zu den Vorteilen der Technologie vorzubringen, entwickelte ich einen Prototyp. Anschließend führte ich diesen ein paar ausgewählten Kollegen im Unternehmen vor und griff ihre Ideen auf, wodurch ich sie als Verbündete gewann. Dann vereinbarte ich einen Termin mit den restlichen Betroffenen, die mit der neuen Anwendung arbeiten sollten, und den Verantwortlichen für eine Demonstration des Prototyps in großer Runde. Zuvor sammelte ich alle Fragen ein, die den Betroffenen und den Verantwortlichen wichtig waren, damit ich mich richtig auf den Termin vorbereiten konnte.

Nach der Demonstration fiel die entscheidende Frage von einem der Betroffenen: *„Wann können wir mit der neuen*

Lösung arbeiten?" Dieses Vorgehen sollte seine Wirkung nicht verfehlen und der Rest ist Geschichte. Die Schaffung eines Referenzerlebnisses brachte hier den Erfolg. Durch den Prototyp hatten die Betroffenen und Verantwortlichen plötzlich etwas zum Greifen und Erfahren. Und dies änderte ihre Einstellung zu der Sache. Sowie die Tatsache, dass ich in der Zwischenzeit zahlreiche Verbündete für meine Idee gewonnen hatte.

Dale Carnegie hat noch zahlreiche weitere Methoden in seinem Buch, mit denen man Ideen effektiv kommunizieren kann. Die Lektüre lohnt sich, wenn Du etwas bewegen willst, beruflich oder privat.

To Do (A):

Du möchtest effektiver kommunizieren und richtig was bewegen, dann ist das Buch *Wie man Freunde gewinnt: Die Kunst, bliebt und einflussreich zu werden* von Dale Carnegie ein guter Ausgangspunkt, um das zu lernen.

To Do (B):

Mein Tipp: Arbeite das Buch durch und such Dir anschließend drei Methoden aus, die Du anwendest, wann immer sich die Gelegenheit dazu bietet. Wenn Du die drei Methoden draufhast, dann wähle die nächsten drei aus.

1.4

Kompromisslos kommunizieren

Die meisten Menschen sind nicht in der Lage, ihre Wünsche exakt zu benennen

Vor ein paar Wochen nahm ich an einem Audiokurs des ehemaligen FBI-Verhandlungsführers Chris Voss teil. Das Thema des Kurses lautete: Kompromisslos verhandeln. Chris ist der festen Überzeugung, dass es besser ist, einen Deal sein zu lassen als ihn mit einem Kompromiss einzugehen. Damit stemmt er sich gegen die weit verbreitete Win-Win-Managementlehre, die besagt, dass man Kompromisse eingehen muss, wenn man beide Verhandlungsseiten zufrieden stellen will.

Im ersten Moment widersprach mir der Ansatz von Chris. Ich dachte mir, irgendwann muss ich ja einen Kompromiss eingehen, sonst wird mir mein Gegenüber nicht das geben, was ich will. Wie soll das also funktionieren?

Aber als Chris seine Sicht der Dinge weiter erläuterte und mit realen Fallbeispielen aus seiner Karriere als FBI-Verhandlungsführer untermauerte, konnte er mich mehr und mehr für seine Sicht der Dinge gewinnen. Chris konnte es sich bei seinen Verhandlungen nämlich nicht leisten einen Kompromiss einzugehen, denn bei seinen Verhandlungspartnern handelte es sich in der Regel um terroristische Organisationen, Entführer oder auch Menschen, die einfach nicht mehr ein oder aus wussten und auf sich aufmerksam machen wollten, indem sie andere Menschen bedrohten.

Ich meine, einen Kompromiss, der da lautete *„Ich lasse fünf der zehn Geiseln gehen und die anderen erschieße ich"*, konnte Chris einfach nicht eingehen. Er wollte, nein er musste alle zehn heil und gesund in der Freiheit wissen. Aus diesem Grund musste er Kommunikationsmethoden entwickeln, die sein Gegenüber dazu veranlassten das zu tun, was Chris wollte und das ohne Kompromisse.

Heute ist er in der freien Wirtschaft tätig und bezieht Tageshonorare von 25.000 US-Dollar. Spätestens hier hatte er mich dann. Wenn jemand ein Tageshonorar von 25.000 US-Dollar verlangen kann, dann muss das, was er zu sagen hat, Hand und Fuß haben. Nachfolgend möchte ich mit Dir meine zentrale Erkenntnis des Kurses teilen.

Chris stellt bei Verhandlungen immer wieder fest, dass die meisten Menschen nicht in der Lage sind, ihre Wünsche exakt zu benennen, wenn ihnen nicht die richtigen Fragen gestellt werden. Die Welt teilte Steve Jobs nicht mit, dass sie ein iPhone wollte. Er deckte die Bedürfnisse der Menschen mit gezielten Fragen auf, was ihm half Innovationen hervorzubringen.

Einfach nur zu fragen *„Was wollt ihr"* oder *„Was braucht ihr"*, reicht jedoch nicht. Denn wie gesagt, die meisten Menschen sind nicht in der Lage, es zu benennen. Das wusste auch Henry Ford bereits als er sagte: *„Wenn Sie die Leute gefragt hätten, was sie wollten, hätten sie schnellere Pferde gesagt."* Man kann zwar auch Pferde hochzüchten, doch irgendwann ist das Maximum an Endgeschwindigkeit erreicht und gleichzeitig wird das Pferd unerschwinglich teuer und pflegeintensiv. Also musste Henry erfragen, was das eigentliche Bedürfnis hinter einer Antwort ist. Und dies geht am besten, wenn man gezielte, offene Wie- und Was-Fragen stellt, was wiederum eine zentrale Methode von Chris ist. Solch ein Gespräch hätte wie folgt aussehen können:

Henry: Wieso wünschen Sie sich ein schnelleres Pferd?

Potenzieller Kunde: Weil ein Pferd flexibler als die Eisenbahn ist und auch an entlegenen Orten operieren kann. Und ich möchte schneller reisen können.

Henry: Was gibt es noch an Aspekten, die Sie an einem Pferd schätzen?

Potenzieller Kunde: Es ist relativ erschwinglich im Preis und auch das Futter ist günstig.

Henry: Was stört Sie an einem Pferd?

Potenzieller Kunde: Es ist recht pflegeintensiv. Man muss es täglich füttern und bewegen. Auch muss es regelmäßig zum Hufschmied. Darüber hinaus kann sich das Tier auch verletzen oder krank werden, was dann sehr teuer kommt. Bei einer ernsthaften Verletzung fällt das Tier für längere Zeit aus oder muss gar eingeschläfert werden. Und auch das Reisen ist nicht sonderlich komfortabel, wenn man nicht gerade eine Kutsche besitzt. Darüber hinaus müssen die Tiere bei einer längeren Strecke mehrfach Pause machen.

Henry: Wieso muss es dann zwingend ein Pferd sein?

Potenzieller Kunde: Ich weiß nicht? Gibt es denn noch etwas anderes?

Nach solch einem Gespräch hatte Henry einiges an Informationen gewonnen. Ein paar weitere Gespräche später wusste er, dass das keine einmalige Sicht der Dinge ist. Und er wusste, was sich die Menschen tatsächlich wünschten, nämlich kein schnelleres Pferd, sondern sie wollten komfortabel und schnell reisen. Dabei sollte das Gefährt erschwinglich im Preis sein und günstig im Unterhalt. Wenn es nicht gebraucht wird, dann sollte man es auch nicht füttern oder bewegen müssen. Und es sollte zuverlässig sein. Wenn es kaputt geht, dann sollte man es reparieren können, und zwar so, dass die ursprüngliche

Leistung wieder vollständig abrufbar ist. Naja, und der Rest ist Geschichte.

Die Grundmethode von Chris und allen anderen Verhandlungsprofis besteht darin Fragen zu stellen. Fragen, mit denen sie die Bedürfnisse ihres Gegenübers identifizieren und diese dann gezielt einsetzen können, um ihr Gegenüber in eine bestimmte Richtung zu bewegen. Und zwar ohne dabei einen Kompromiss eingehen zu müssen.

Auch betont Chris, dass die Situation unser Problem ist. Wohingegen das Gegenüber unser Partner ist, mit dem wir zusammen das Problem lösen.

Und noch was: Das ganze Leben ist eine Verhandlung und es gewinnt derjenige, der kompromisslos kommuniziert. Das gilt für die Entwicklung von Innovationen, für die Digitalisierung von Organisationen und für die Führung von erfolgreichen Beziehungen.

To Do:

Du weißt ja, wie es heißt: Wer fragt, der führt. Gestalte Deine Fragen so, dass Du zusätzliche Informationen über Dein Gegenüber und seine Bedürfnisse gewinnst. Wenn Dir die Bedürfnisse klar sind, kannst Du Deinem Gegenüber eine Lösung anbieten, die in Deinem Sinne und letztlich auch in seinem Sinne ist.

1.5

Lass Dich von anderen Führen

Wer die Grundsätze brillant beherrscht, meistert auch den Rest

„Du weißt nichts, was Du nicht von jemand anderem gelernt hättest.“

Was Erfolg ist oder was es nicht ist, ist gar nicht so einfach zu beantworten. Jeder von uns hat da so seine eigenen Vorstellungen und Erwartungen. Ich persönlich finde, dass man sich bei den Dingen, die einem wichtig sind oder die man lernen will, an Menschen orientiert, die diese Dinge bereits gemeistert haben. Und zwar auf eine Art und Weise, die uns persönlich anspricht. Mit anderen Worten, es geht darum sich andere Menschen zum Vorbild zu nehmen und von ihnen zu lernen.

Eine der einfachsten Methoden, um von anderen Menschen zu lernen, ist es sich mit ihnen zu beschäftigen. Denn je mehr man sich mit einem anderen Menschen beschäftigt, desto mehr und mehr übernimmt man auch dessen Sichtweisen und fängt an entsprechend zu handeln. Aus diesem Grund ist es jedoch wichtig, dass wir uns die Menschen, von denen wir lernen wollen, ganz genau aussuchen. Da wir mit der Zeit ein Stückweit, wie sie werden.

Passen die Sichtweisen dieses Menschen zu meinen Werten? Sind seine Worte und Handlungen authentisch? Will ich das Leben führen, das dieser Mensch führt? Will ich die Richtung einschlagen, die er eingeschlagen hat? Das sind ein paar Fragen, die einem dabei helfen sich zu orientieren. Denn sonst werden wir wohlmöglich zu einem Menschen, der wir gar nicht sein wollen.

Einer dieser Menschen, von denen ich aktuell lerne, ist John Wooden, ehemaliger Basketballspieler und Trainer. Der Spiegel bezeichnet ihn als *„Der Zauberer von Westwood“*. John gewann als Trainer zehn College-Meisterschaften, 88 Partien in Folge und war der Erste, der es als Spieler und Trainer in die Basketball Hall of Fame geschafft hat.

Als Trainer nutzte John den Sport, um seinen Spielern beizubringen, wie sie sich jeder Situation im Leben stellen können. So legte er großen Wert auf die Basics und jetzt weißt Du auch, warum ich so großen Wert auf die Basics lege, denn im Grunde erzähle ich in diesem Buch nichts Neues.

So investierte John beispielsweise eine ganze Stunde darauf, seinen neuen Jungs (Spielern) zu zeigen, wie sie sich die Socken richtig anziehen und die Schnürsenkel ihrer Schuhe richtig binden. Er war der Überzeugung, dass wenn jemand die Grundsätze brillant beherrscht, er auch den Rest meistern wird. Einige seiner Grundsätze waren solche wie:

- Vergleich Dich nicht mit anderen.
- Erfolg ist, wenn Du Dein Bestes gibst.
- Konzentrier Dich auf das, was Du beeinflussen kannst.
- Von den kleinen Dingen sind die großen Dinge abhängig.

Zu dem letzten Punkt fällt mir ein Sprichwort aus dem 13. Jahrhundert ein, über das ich mal gestolpert bin:

For want of a nail, the shoe was lost,
For want of a shoe, the horse was lost,
For want of a horse, the rider was lost,
For want of a rider, the message was lost,
For want of a message, the battle was lost,
For want of a battle, the war was lost,
For want of a war, the kingdom fell,
And all for the want of a nail.

Auch John hatte seine Menschen, an denen er sich orientierte. So las er alles über Abraham Lincoln und Thomas Jefferson, was er in die Finger bekommen konnte. Warum? Weil er von Abrahams Art zu Führen beeindruckt war. Abraham wiederum hat alles über Thomas gelesen, was er in die Finger bekommen hatte.

So blieb John nichts anderes übrig, als alles über beide zu lesen. Denn Abraham wurde ja nicht einfach so zu dem, zu dem er wurde. John erklärte hierzu: *„Du weißt nichts, was Du nicht von jemand anderem gelernt hättest."* Und er gab sein Wissen bereitwillig weiter, denn für ihn war klar: *„Wissen ist nichts, bis es nicht mitgeteilt wird."*

Für mich bedeutet erfolgreich führen, dass man sich in erster Linie selbst führt. Denn wie will man andere führen, wenn man nicht einmal in der Lage ist sich selbst zu führen? Wie will man seinen Kindern beibringen klug mit Geld umzugehen, wenn man selbst alles ausgibt, was man einnimmt? Wie will man seinen Kindern beibringen, dass sie auf ihre Ernährung achten sollen, wenn man selbst keine Kontrolle über das eigene Ernährungsverhalten hat? Wie will man seinen Kindern beibringen gute Beziehungen zu führen, wenn man selbst ständig im Streit mit den Leuten ist. Ersetze Kinder durch Mitarbeiter und Geld, Ernährung und Beziehungen durch Deine Themen und schon hast Du einen Bezug zu Deinem Unternehmen.

Abschließen möchte ich dieses Kapitel mit einer Geschichte über den großen Dalai Lama. Eines Tages kam eine Mutter mit ihrem Sohn zum Dalai Lama, um diesen um Hilfe zu erbitten. *„Großer Meister"*, setzte sie besorgt an, *„mein Sohn isst Unmengen an Zucker und das, obwohl ich ihm immer wieder sage, wie schädlich dieser für seine Gesundheit ist. Bitte sag Du ihm, dass er keinen Zucker* *mehr essen soll.“* Woraufhin der Dalai Lama antwortete: *„Gute Frau, komm in zwei Wochen erneut mit Deinem Sohn zu mir und ich werde es ihm sagen.“* Zwei Wochen später stand die Frau erneut mit ihrem Sohn auf der Matte des Dalai Lama. Dieser trat an den Jungen heran, schaute ihm tief in die Augen und sprach: *„Du sollst keinen Zucker mehr essen.“* Erstaunt über das Vorgehen des Dalai Lama, fragte die Frau diesen: *„Warum hast Du, großer Meister, das nicht bereits vor zwei Wochen zu meinem Sohn gesagt?“* Worauf hin der Dalai Lama antwortete: *„Vor zwei Wochen habe ich noch selbst Zucker gegessen.“*

Die Message: Wir können nur authentisch führen, wenn wir selbst leben, was wir von anderen erwarten. Und wenn wir das tun, dann wird sich der Erfolg entsprechend einstellen.

To Do:

Hast Du eine Vorstellung davon, wie erfolgreiche Führung für Dich aussieht? Mit anderen Worten, hast Du ein Vorbild in Sachen Führung?

1.6

Culture is the game

„Culture isn´t just one aspect of the game¬it is the game."

Ein Thema, das mich zurzeit sehr bewegt, ist die Kultur eines Unternehmens. Damit stehe ich jedoch nicht allein dar. Die Coronajahre haben sicherlich einen Anteil daran, dass weltweit viele Menschen ins Grübeln gekommen sind. In den USA gab es beispielsweise eine regelrechte Kündigungswelle, die diesmal jedoch von den Mitarbeitern ausging und nicht von den Unternehmen.

Die Menschen hatten während der Coronajahre Zeit zu reflektieren. Interessanterweise war es nicht die Ausstattung des Arbeitsplatzes, des Maschinenparks oder des Standorts eines Unternehmens, der die Menschen zum Gehen bewegte. Es war die Basis, die Kultur des Unternehmens, die nicht mehr stimmte. Will ich für das Unternehmen arbeiten, für das ich aktuell arbeite? Steht das Unternehmen für Werte, für die ich selbst auch stehe? Wenn die Kultur nicht stimmt, dann können die anderen Dinge noch so gut sein, werden sie den Zerfall des Unternehmens doch nicht verhindern können.

Den Zerfall in Form mangelnder Kreativität und Innovation.

Den Zerfall in Form einer ungewollten Mitarbeiterfluktuation.

Den Zerfall in Form einer Kündigungswelle aus Kostengründen.

Den Zerfall in Form einer Rufschädigung.

Den Zerfall in Form einer Zerschlagung.

Alle, die es sich leisten können, verlassen in solchen Fällen früher oder später als Erste das Unternehmen. Was wiederum enorme Kosten nach sich zieht, da diese Mitarbeiter auch wieder ersetzt werden müssen.

Die Unternehmensberatung Deloitte hat in einer Analyse zur ungewollten Mitarbeiterfluktuation ermittelt, dass die durchschnittlichen Kosten für eine Nachbesetzung bei rund 14.900 Euro liegen. Pro Stelle wohlgemerkt. Das ist ziemlich viel Asche, wenn sich die Kündigungen anfangen zu häufen. Bei zehn ungewollten Kündigungen wären das beispielsweise 149.000 Euro. Laut Deloitte variieren die Kosten in Abhängigkeit der Unternehmensgröße. Unternehmen mit weniger als 100 Beschäftigten müssen mit 13.705 Euro Gesamtkosten rechnen. Zwischen 100 und 1.000 Beschäftigten sind es 13.852 Euro und ab 1.000 Beschäftigten schlägt eine ungewollte Kündigung mit rund 17.159 Euro zu buche. Wie gesagt, ziemlich viel Asche. Das sind Größenordnungen, die in manchen Branchen ein Jahresgehalt darstellen.

Vor diesem Hintergrund möchte ich einen Menschen porträtieren, der den blauen Riesen IBM aus einer der schwersten Krisen der Unternehmensgeschichte herausholte. Als Lou Gerstner im April 1993 als vielbelächeltes Cookie-Monster (Quereinsteiger), wie es so schön im US-Amerikanischen heißt, seine Stelle als CEO bei IBM antrat, wusste er nicht, was das eigentliche Problem bei IBM war. Wenige Jahre vor seinem notwendigen Antritt galt IBM nämlich als legendär.

1987 war IBM mit einem Börsenwert von 106 Milliarden US-Dollar das wertvollste börsennotierte Unternehmen der USA. Dem Unternehmen wurde der Slogan *„Nobody gets fired for buying from IBM“* zugesprochen. Das galt sowohl für die Produkte des Unternehmens als auch für die Aktien. IBM war eine todsichere Wette in der Industrie und an der Börse.

Doch Anfang der neunziger Jahre stürzte das Unternehmen in die schwerste Krise seiner Geschichte. Das Unternehmen verlor seine Kreativität und Innovation. Es kam so schlimm, dass John Akers, der damalige CEO, weder ein noch aus wusste und anfing zehntausende Mitarbeiter zu entlassen. Ein bis dato völlig unbekanntes Phänomen bei IBM. Das Unternehmen geriet massiv in die roten Zahlen und eine Insolvenz stand kurz bevor. Um dem zu entgehen, bereitete John Akers die Zerschlagung des Unternehmens vor.

Mit Lou Gerstner an der Spitze, sollte jedoch alles anders kommen. Gleich am Anfang traf er zwei weitreichende Entscheidung. Zum einen verhinderte er die Zerschlagung von IBM und zum anderen richtete er das Unternehmen konsequent auf das Service Geschäft aus. Nachfolgend betrachtet, waren das die beiden leichtesten Dinge, die es zu erledigen galt, um das Unternehmen wieder in die Spur zu bringen. In seinem Buch *Who Says Elephants Can't Dance?: Leading a Great Enterprise through Dramatic Change* beschreibt er das eigentliche Problem des Unternehmens damals:

„If I could have chosen not to tackle the IBM culture head-on, I probably wouldn't have.... My bias coming in was toward strategy, analysis and measurement.... In comparison, changing the attitude and behaviors of hundreds of thousands of people is very, very hard to accomplish.... Yet I came to see, in my time at IBM, that culture isn't just one aspect of the game¬it is the game.“

Lou hatte das Glück der Unwissenheit, als er als Quereinsteiger bei IBM übernahm. Ihm wurde erst im Nachhinein bewusst, worauf er sich da eigentlich eingelassen hatte. Und hätte er es gewusst, so hätte er sich der Aufgabe wohlmöglich nicht angenommen. Gleichzeitig muss man ihm jedoch hoch anrechnen, dass er seine Entscheidung, IBM wieder auf die Beine zu helfen, durchgezogen hat.

Die Kultur eines Unternehmens zu ändern ist sicherlich eine der schwierigsten Aufgaben einer Führungskraft. Man muss in die Köpfe der Menschen, um zu verstehen, was sie bewegt und wie man es schaffen kann diese Beweggründe für sich zu nutzen. Eine Investition in eine Maschine zu tätigen ist im Vergleich dazu Kindergarten.

Lous Vorteil war, dass er an der Spitze des Unternehmens stand. Doch wie verklickert man einer Führungskraft, dass an der Basis des Unternehmens etwas gewaltig nicht stimmt, wenn man nur Mitarbeiter ist? Ich denke, dass man auch hier, wie so oft im Leben, eine Entscheidung treffen muss. Ist es mir die Sache wert, dass ich mich aus der Deckung heraustraue und an die Führung reflektiere, was eigentlich gerade los ist? Oder ist es das nicht und ich ertrage es oder sehe zu, dass ich das Weite suche?

Lou war es die Sache wert, sodass er sich allein der eingesessenen Kultur von hunderttausenden von Beschäftigten stellte. Was sicherlich nicht leicht war, wenn man zunächst allein auf weiter Flur steht.

To Do (A):

Die Sache mit der Kultur ist mir so wichtig, dass ich sie mit Hilfe von unter anderem Herb Kelleher (Southwest Airlines) und Reed Hastings (Netflix) noch öfters in diesem Buch auf die Bühne heben werde. Denn es gilt: Wie die Kultur, so auch das Unternehmen. Und wie die Führungskraft, so auch die Kultur. Das eine bedingt das andere und der Kreis schließt sich.

An dieser Stelle sind meine Fragen an Dich: Wie sieht die Kultur in Deinem Unternehmen aus? Ist sie von Offenheit und Transparenz geprägt oder haben die Leute Angst sich aus der Deckung zu trauen? Unterstützen sich die Leute gegenseitig oder stecken sie ihre Claims ab? Wohin führt das eine und wohin führt das andere?

To Do (B):

Vor allem wenn man an der Spitze einer Organisation steht, ist es nicht immer leicht einzuschätzen, was die Leute in der Organisation denken, da sie sich aus unterschiedlichen Gründen nicht trauen es zu äußern.

Ein Consigliere, also eine interne Person, der auch die Mitarbeiter vertrauen, ist ein wichtiger Verbündeter, wenn man in solch einer Situation und generell etwas im Unternehmen bewegen will. Hast Du da jemanden? Wenn nicht, dann solltest Du möglichst bald jemanden dafür gewinnen.

1.7

Führung im Zeitalter der Digitalisierung

Management by Wandering Around

Kreativität schlägt Prozessdenken

Kultur frisst Strategie zum Frühstück

Als ich im Frühjahr 2009 mit meiner Frau zusammenkam, verbrachten wir als Frischverliebte jede freie Minute miteinander. Eine unserer Lieblingsbeschäftigungen war das Schauen von Filmen. Fast jedes Wochenende fuhren wir zu der Blockbuster Filiale unseres Vertrauens und liehen uns einen Film nach dem nächsten aus. Dazu noch eine Tüte Chio Tortillas mit Käse Dip und das Kino-Feeling zu Hause war perfekt. Nur deutlich preiswerter.

Von den einst 9.094 Blockbuster Filialen ist heute nur noch eine übrig geblieben, in Bend im US-Bundesstaat Oregon. Was war passiert? Wie konnte der einstige Platzhirsch, der Teil meiner Jugend war und mir zahlreiche großartige Abende beschert hat, von der Bildfläche verschwinden?

Wir schreiben das Jahr 2000 und Reed Hastings sitzt mit seinem Partner Marc Randolph im Büro von John Antioco, dem damaligen CEO von Blockbuster. Reed und Marc pitchen ihre Idee, Netflix an Blockbuster zu verkaufen. John hört sich alles in Ruhe an und fragt dann, was ihn der Deal kosten soll? 50 Millionen US-Dollar, antworten Reed und Marc. John lehnt ab.

Zwei Jahre nach diesem Meeting ging Netflix für 50 Millionen US-Dollar an die Börse. Blockbuster war zu diesem Zeitpunkt noch 100 Mal wertvoller als Netflix. Doch 2010 muss Blockbuster Insolvenz anmelden. Blockbuster hatte sowohl 2000 als auch 2002 alle Asse in der Hand und doch schaffte es das Unternehmen nicht vom Verleih der DVDs zum Streaming zu wechseln. Warum?

In der Retroperspektive war Blockbuster durch und durch auf Effizienz getrimmt. Die zahlreichen Prozesse machten das Unternehmen profitabel. Als sich die Spielregeln des

Marktes jedoch änderten, Streaming und so, scheiterte Blockbuster daran sich anzupassen. Dagegen ist Netflix heute (08.02.2023) 138 Milliarden US-Dollar wert und legte in den letzten 20 Jahren erfolgreich drei Wenden hin. Und das alles dank der Learnings, die Reed bei seinem vorangegangenen Unternehmen, Pure Software, gemacht hat.

Ich reiß Dir mal die bisherige Geschichte von Netflix ab: Seinen Ursprung hat das Unternehmen im Filmverleih. Die disruptive Idee war, den bis dato regional organisierten und filialbasierten Filmverleih mittels dem Postversand anzugreifen. Anstatt teure Filialen zu unterhalten, verschickte Netflix die Filme per Post. Irgendwann wurde der Download von Filmen jedoch so günstig, dass das Unternehmen mit der Konkurrenz aus dem Internet nicht mehr mithalten konnte. Netflix nahm vom Postversand Abstand und entwickelte sich zur Download-Plattform weiter.

Einige Jahre später mischte die Streaming-Technologie die Karten neu und Netflix sah sich wieder gezwungen eine Kehrtwende hinzulegen. Aus einer Download-Plattform wurde eine Streaming-Plattform. Mit zunehmendem Erfolg als Streaming-Plattform explodierten jedoch die Rechtekosten für die Filme und Serien. Das Unternehmen drohte zwischen den hohen Rechtekosten und den niedrigen Abopreisen seines Dienstes zerrieben zu werden.

Der Ausweg bestand darin, selbst zu einem Serienproduzenten zu werden, da man für die eigene Produktion keine Lizenzen erwerben muss. Was trotzdem einen großen Schritt darstellte, wenn man bedenkt, dass Netflix als Streamingdienst keinerlei Kompetenzen in der Produktion von Serien hatte. Ergebnis dieser dritten Kehrwende sind

Serienerfolge wie House of Cards oder Orange is the New Black.

Eines der Dinge, die Reed bei Netflix anders macht als bei Pure Software ist, Menschen über die Prozesse zu setzen. Mit anderen Worten, Kreativität schlägt Prozessdenken (Effizienz). Bei seinem ersten Unternehmen, Pure Software, machte Reed den Fehler Prozesse zu etablieren, die das Unternehmen schwächten, weil Kreativität verloren ging.

Wann immer etwas Dummes passierte, beispielsweise Hotelbuchungen für 700 US-Dollar die Nacht, installierte Reed einen Prozess, der das zukünftig verhindern sollte. Anstatt Prinzipien (Führen mit Kontext nicht Kontrolle) zu etablieren, führte er immer mehr Leitplanken ein. Letztlich war Pure Software derart prozessgetrieben, dass es, ähnlich wie Blockbuster, sich nicht mehr an die neuen Spielregeln des Marktes anpassen konnte. 1997 musste Reed Pure Software dann an den größten Konkurrenten verkaufen.

Heute hält es Reed simpel. So besteht die *„Richtlinie"* für Reisen, Geschenke und Bewirtung von Netflix nur aus sechs Wörtern: *„Handle im besten Interesse von Netflix."* Die *„Richtlinie"* für Urlaub lautet: *„Nimm Urlaub!"* Und die *„Richtlinie"* für Elternzeit: *„Kümmere Dich um Dein Baby und Dich selbst."* Was das genau bedeutet, können die Mitarbeiter selbst entscheiden beziehungsweise im Team den dafür notwendigen Kontext festlegen. Der Kontext füllt dann das Loch, das entsteht, wenn man einen Prozess entfernt.

Reed ist davon überzeugt, dass dies alles nicht möglich gewesen wäre, wenn er sein Unternehmen nach der klassischen Management-Schule führen würde, in der der Chef ansagt, wo es langgeht. In seinen Grundsatzreden zum Thema *„Führung"* wird er nicht müde, dies immer wieder hervorzuheben. So hat er selbst beispielsweise kein eigenes Büro. Stattdessen lässt er sich durch das Unternehmen treiben. Sucht sich immer wieder einen neuen Arbeitsplatz und kommt so mit den unterschiedlichen Menschen seines Teams (12.800 Vollzeitbeschäftigte zum 31.12.2022) in Kontakt. Er tauscht sich mit ihnen aus. Hört zu. Stellt interessiert Fragen. Gibt Impulse. Und regt so durch sein eigenes Verhalten seine Mitarbeiter dazu an, es ihm gleich zu tun.

Reed gehört zweifelsfrei zu einem neuen Typ Führungskraft, und das, obwohl er bereits 60+ ist. Diesen Menschen sind Statussymbol egal. Stattdessen erfreuen sie sich an den Ergebnissen ihrer Projekte. Ihnen ist klar, dass sie nicht alles wissen können. Sie haben nicht die Antworten auf die Herausforderungen der Zukunft. Also konzentrieren sie sich darauf ein Umfeld zu schaffen, in dem Mitarbeiter kreativ werden können, um die benötigten Lösungen zu erarbeiten. Was können wir uns von Führungspersönlichkeiten wie Reed abschauen?

Management by Wandering Around

Reed besitzt kein eigenes Büro. Stattdessen lässt er sich durch das Unternehmen treiben. Seine Assistenz vereinbart die Termine dort, wo die Mitarbeiter sitzen. Damit zeigt Reed Präsenz bei seinen Mitarbeitern und aufrichtiges Interesse an ihren Projekten. Und insbesondere an ihren Herausforderungen, denn jeder von uns trägt ein Päckchen mit sich, privat und beruflich. Zur Erinnerung: Das Unternehmen hat 12.800 Mitarbeiter (31.12.2022).

Reed ist übrigens nicht der einzige CEO eines multinationalen Unternehmens, der eine derartige Präsenz bei seinen Beschäftigten zeigt. Howard Schultz, der CEO von Starbucks, kennt ebenfalls den Stellenwert von *„Präsenz zeigen"*: *„I'm always stopping by our stores – at least 25 a week. I'm also in other places: Home Depot, Whole Foods, Crate & Barrel. I try to be a sponge to pick up as much as I can."* Starbucks hat über 35.700 Coffeeshops weltweit (31.12.2022). Howard besucht 25 von ihnen in der Woche.

Kreativität schlägt Prozessdenken

Insbesondere in schwierigen Zeiten ist Kreativität unbezahlbar. Es geht darum konsequent alles auf den Prüfstand zu stellen und links liegen zu lassen, wenn es nicht mehr den gewünschten Zweck erfüllt und stattdessen neue Dinge zu entwickeln. Netflix musste das bereits drei Mal tun, in nur 20 Jahren. In solchen Fällen geht es darum das Finden von Lösungen zu organisieren und als Führungskraft sein persönliches Ego an der Garderobe abzulegen, denn schließlich geht es um den Fortbestand des Unternehmens und die mit dem Unternehmen verbundenen Menschen. Auf den Punkt *„Kreativität"* und warum diese laut Reed wichtiger ist als Prozessdenken, werden wir noch an einer anderen Stelle zu sprechen kommen.

Kultur frisst Strategie zum Frühstück

Und der wohl wichtigste Punkt ist das Vertrauen in die eigenen Mitarbeiter, dass sie den Shit auch getan kriegen, der tagtäglich anfällt. Netflix misst beispielsweise bereits seit 2004 keine Arbeitszeiten mehr und auch die

Urlaubstage werden nicht gezählt. Entscheidend sind einzig und allein die Ergebnisse, die die Mitarbeiter produzieren. Wenn das Ergebnis stimmt, dann muss man überflüssige Kennzahlen nicht erheben.

Und damit sich keiner überarbeitet, gehen die Führungskräfte mit gutem Vorbild voraus und posten Bilder von ihren Reisezielen, sodass alle im Unternehmen sehen können, dass sie sich auch wirklich erholen und es ihnen gleichtun.

To Do (A):

Howard Schultz besucht 25 Starbucks Filialen in der Woche. Die Wahrscheinlichkeit ist groß, dass Dein Unternehmen deutlich kleiner ist.

Und dennoch oder vielleicht gerade deshalb die Frage: Wie oft zeigst Du Präsenz bei Deinen Beschäftigten? Welche Ausreden hast Du es nicht zu tun?

Wenn es nur digital geht, dann heißt es für Dich eben Management by Zooming Around. Relationship matters.

To Do (B):

Ersticken Deine Mitarbeiter in Prozessen oder können sie ihrer Kreativität freien Lauf lassen? Was tust Du beziehungsweise Dein Unternehmen, um die Kreativität der Mitarbeiter zu beflügeln?

To Do (C):

Wenn Du das Thema *„Leadership im 21. Jahrhundert"* vertiefen möchtest, dann kann ich Dir das Netflix Culture Deck empfehlen. Ich bin ein großer Fan.

Ergänzende Lektüre:

- *No Rules Rules: Netflix and the Culture of Reinvention*, Reed Hastings, Erin Meyer
- *That Will Never Work: The Birth of Netflix*, Marc Randolph

1.8

Führungskräfte im Wandel

Talente jeden Alters fördern, unabhängig des Dienstgrades

Wessen Stern hell strahlt, der bekommt seine Chance

Wie Du bereits weißt, spielt mein Sohn, um zu gewinnen. Das gilt übrigens für alle Kinder, wohingegen wir Erwachsenen das im Laufe unseres Lebens gerne vergessen und uns fast schon krampfhaft daran klammern, was wir erreicht haben. Damit klammern wir uns jedoch an unsere Vergangenheit.

Insbesondere in der heutigen Zeit trifft der letzte Punkt voll den Nerv der Zeit. Der schnelle Wandel in der Wirtschaft stellt viele Führungskräfte vor Herausforderungen, mit denen die meisten überfordert sind. Zur Erinnerung: 89 Prozent der Führungskräfte stoßen bei der Digitalisierung an ihre Grenzen. Dadurch macht sich Verunsicherung und Ratlosigkeit bei den Mitarbeitern breit. Man hat das Gefühl, dass man verwaltet und nicht geführt wird. Auf der anderen Seite steht die betroffene Führungskraft unter enormen Druck, da sie die Unzufriedenheit der Mitarbeiter spürt, jedoch keinen Anfasser für die angespannte Situation hat.

Meiner Meinung nach ist einer der Gründe, warum 89 Prozent der Führungskräfte mit dem digitalen Wandel an ihre Grenzen stoßen, die Art und Weise wie wir unsere Führungskräfte ausbilden. Viele Führungskräfte genießen heute noch eine Ausbildung, die auf die militärische Ausbildung im alten Preußen zurückzuführen ist.

Das heißt, dass wir heute noch Führungskräfte ausbilden, die alles am besten wissen müssen, zumindest ist das die Message, die ihnen vermittelt wird. Eben ähnlich wie in der Armee, wo derjenige mit dem höchsten Dienstgrad ansagt, wo es lang geht. Woraufhin alle anderen dem Befehl dann Folge leisten müssen, obwohl er, der Dienstgradhöchste, wohlmöglich keinen Plan hat, was wirklich zu tun ist. Da aber keiner seinen Job verlieren will, wird getan, was befohlen wurde, anstatt ein ehrliches Feedback zu äußern.

Vor diesem Hintergrund war der britische Admiral Horatio Nelson (1758 bis 1805) eine wahre Ausnahmeerscheinung. Die Royal Navy benannte insgesamt fünf Schiffe nach ihm und das aus gutem Grund. Horatio war nicht nur der beste Segler der Royal Navy, sondern auch eine Führungskraft, die unkonventionell vorging und hervorstach. Nicht aufgrund seiner Verdienste in zahlreichen Schlachten, sondern insbesondere in seiner Art zu führen.

Horatio förderte Talente jeden Alters, unabhängig des jeweiligen Dienstgrades. Wessen Stern hell strahlte, der bekam seine Chance und wurde gefördert. Darüber hinaus beteiligte Horatio von Anfang an seine Kapitäne an der Ausarbeitung der Schlachtpläne und räumte ihnen weitreichende Freiheiten ein.

Zur damaligen Zeit, der Übergang zwischen dem 18. und 19. Jahrhundert, war das ein Unding in der Royal Navy, und nicht nur dort. Diese Einstellung von Horatio gegenüber seinen Kapitänen und Matrosen brachte ihm schlussendlich auch den Sieg in der Schlacht von Trafalgar, dem Scheiterns Napoleons zur See.

Sicherlich wusste Horatio nicht immer, wo es langgeht. Das war ihm jedoch klar, weswegen er, im Gegensatz zu seinen Admiral-Kollegen, großzügig seine Kapitäne, und damit irgendwo auch alle Matrosen, an seinen Plänen und Ideen beteiligte.

Wenn es Dir mit der Digitalisierung ähnlich wie 89 Prozent aller Führungskräfte geht und Du nicht weißt, wo es lang gehen könnte, dann beziehe doch zur Abwechslung mal Deine Mitarbeiter in Deine Gedanken mit ein. Wen der legändere Horatio Nelson seine Hosen runterlassen konnte, um damit zu zeigen, dass er nicht immer alles weiß, dann können wir das auch.

Übrigens, wusstest Du, dass die ersten Führungskräfte, die den Titel *„Manager"* tragen durften, Zirkusdirektoren waren? Das Wort *„Manager"* leitet sich aus dem Wort *„Manege"* ab. Und im Englischen bedeutet *„to manage"* verwalten. Trau Dich neue Wege zu gehen. Du musst es nicht Horatio gleichtun, und das ganze Unternehmen auf den Kopf stellen, fang jedoch wieder an mehr zu spielen, um zu gewinnen.

Neulich bin ich auf LinkedIn auf ein Bild von Lean Prinzip gestoßen. Der Titel *„Was Farmer Führungskräften empfehlen"*. Darunter die Empfehlungen:

- *„Schimpfe nicht auf die Pflanzen.*
- *Gib der Pflanze nicht die Schuld, dass sie nicht schnell genug wächst.*
- *Entwurzle die Pflanze nicht, bevor sie eine Chance hatte zu wachsen.*
- *Wähle die besten Pflanzen für den Boden.*
- *Bewässerung und Düngen ist das A und O.*
- *Entferne das Unkraut.*
- *Denke daran, dass es gute und schlechte Jahreszeiten gibt.*
- *Du kannst das Wetter nicht kontrollieren, aber Du musst darauf vorbereitet sein."*

Mir gefallen die Empfehlungen, weil sie praxisnah sind. Und vielleicht auch, weil die Bedeutung meines Namens *„Der Landarbeiter"* ist.

To Do (A):

Förderst Du Talente jeden Alters, unabhängig ihres jeweiligen Dienstgrades? Wessen Stern leuchtet hell in Deinem Unternehmen?

To Do (B):

Lass ab und an mal die Hosen runter. Du weißt auch nicht alles und es ist keine Schande es zuzugeben.

To Do (C):

Und hör um Gotteswillen auf zu verwalten. Horatio warf seiner Zeit die übliche Seeschlachttaktik beiseite, bei der sich gegnerische Flotten in Kiellinie bekämpften.

Stattdessen ließ er seine Schiffe im Windschatten eines Flaggschiffs im 90 Grad Winkel auf die gegnerische Linie zufahren, um diese zu durchbrechen. Gelang das, hatte er an dieser Stelle eine zahlenmäßige Überlegenheit, weil zwei seiner Schiffe einem gegnerischen gegenüberstanden.

Dieses Manöver ging als der legendäre Nelson Touch in die Geschichte ein.

1.9

Komplexität meistern

Großzügige Freiheiten und Autonomie einräumen

Starre Hierarchiestrukturen abschaffen

Anspruch auf Allwissenheit abgeben

Finden von Lösungen organisieren

Führungskräften kommt bei der digitalen Transformation, und bei allen anderen Transformationen auch, eine entscheidende Rolle zu. Sie sind es nämlich, die die Transformation anstoßen müssen. Das zeigen zahlreiche Unternehmen, die die digitale Transformation erfolgreich umsetzen.

Gleichzeitig tun sich die meisten Führungskräfte schwer mit der Digitalisierung. In manchen Fällen aus Unwissenheit, in anderen aus Ignoranz oder aus Verharmlosung. Wiederum andere wollen, sind jedoch dermaßen von der Komplexität der Thematik überfordert, dass sie einfach an ihre Grenzen stoßen.

Dieses Kapitel ist all denen gewidmet, die wollen. Und die ihre Mitarbeiter auf die spannende Reise der Digitalisierung mitnehmen wollen. Denn ohne die Mitarbeiter wird es nicht gehen. Captain und Crew müssen zusammenarbeiten, um die Komplexität der digitalen Transformation zu meistern.

Doch die Zusammenarbeit muss anders organisiert werden, als die Beteiligten es bisher gewohnt sind. Springen wir dazu noch einmal gut 200 Jahre in die Vergangenheit zu zwei Ereignissen, die auf den ersten Blick nichts mit der Digitalisierung zu tun haben.

Auf dem Höhepunkt seiner Karriere wusste Napoleon Bonaparte intuitiv die richtige Lösung. Wann immer seine Offiziere und Soldaten mit einem Problem zu ihm kamen, wusste Napoleon was zu tun war. Dies brachte ihm einen legendären Ruf als Kriegsherr ein und ein Vertrauen seitens seiner Soldaten, das beinah keine Grenzen kannte. Doch als die Lage anfing komplexer zu werden, mehrten sich die Anzeichen, dass selbst der legendäre Napoleon an seine Grenzen stieß.

Die Schlacht bei Waterloo am 18. Juni 1815 stellte Napoleons Scheitern zu Lande dar. Doch gut zehn Jahre zuvor, am 21. Oktober 1805, ließen sich Vorzeichen erkennen, dass die Komplexität der Lage, Napoleon langsam, aber sicher über den Kopf wuchs. An dem besagten Tag im Jahre 1805 besiegte die Royal Navy unter der Führung des Vizeadmirals Horatio Nelson die französisch-spanische Armada von Napoleon. Anders als Napoleon, der die gesamte Entscheidungsgewalt auf sich konzentrierte, gewährte Nelson, wie ich bereits berichtet habe, seinen Kapitänen und Matrosen weitreichende Freiheiten. Was ihm schlussendlich den Sieg brachte.

Ein ähnliches Bild zeichnet gut 200 Jahre später General Stanley McChrystal in seinem Buch *Team of Teams: New Rules of Engagement for a Complex World.* Diesmal ist das Schlachtfeld jedoch nicht das Europa Anfang des 19. Jahrhunderts, sondern der Irak im Jahre 2003. Denn obwohl die alliierten Streitkräfte zahlenmäßig überlegen, bestens ausgebildet und mit neustem Equipment ausgerüstet waren, mussten die Verantwortlichen bitterlich feststellen, dass sie keine durchschlagenden Erfolge gegen Al-Qaida erzielen konnten.

Das Problem war, dass ihnen die Geschwindigkeit und die Flexibilität des Gegners fehlten. Während Al-Qaida sich in kleinen und regionalen Netzwerken organisierte, erlagen die Alliierten ihrer starren und pyramidenartigen Befehlsstruktur.

Stanley beschreibt in seinem Buch, wie es ihm dann schlussendlich gelang der Komplexität der Netzwerke

Herr zu werden und Al-Qaida zurückzudrängen. Diesen Transformationsprozess und zahlreiche Beispiele *„gewöhnlicher"* Organisationen, die mit der *„Team of Teams"*-Strategie eine erfolgreiche Transformation hinlegten, legt Stanley in seinem Buch dar.

Die große Gemeinsamkeit der von Stanley angeführten Beispiele ist, dass sich die Führungskräfte darüber bewusstwurden, dass sie durch die Konzentration der Entscheidungsgewalt auf ihre Person, mit der Komplexität der Lage überfordert waren. Die Mitarbeiter projizierten großes Vertrauen auf sie und hofften darauf, dass ihre Führungskräfte schon wüssten, was zu tun ist, wenn es einmal brennt. Die betroffenen Führungskräfte nahmen diese Projektion natürlich wahr und wollten ihre Mitarbeiter nicht enttäuschen, wodurch sie unter enormen Druck standen.

Nachdem sie jedoch erkannten, dass sie so auf keinen Fall die Transformation meistern würden, mussten sie ihren Führungsstil ändern. Ähnlich wie es Admiral Horatio Nelson und General Stanley McChrystal vorgemacht hatten, hörten sie damit auf anzusagen, wie was gemacht werden soll. Stattdessen fingen sie an den Prozess zu organisieren, der die richtigen Antworten für die Transformation zu Tage führte. Mit anderen Worten, sie räumten ihren Beschäftigten großzügige Freiheiten und Autonomie ein, schufen starre Hierarchiestrukturen ab, gaben den Anspruch auf Allwissenheit ab und beschränkten sich darauf das Finden von Lösungen zu organisieren.

Gerade in komplexen Situationen kommt es auf die Kreativität des Teams an. Einer allein kann nicht alles wissen und starre Prozessstrukturen verlieren ihren Effizienzvorteil, wenn das System aus dem Gleichgewicht gerät und man schnell reagieren muss. Deshalb scheitern in erster Linie Unternehmen mit Prozessdenken an Transformationen. Je mehr Prozessdenken in die Firma einzieht, desto weniger Raum bleibt für Kreativität. Wenn das Prozessdenken dann überhandnimmt, verlassen die Kreativen zuerst das Unternehmen. Zunächst ist das nicht sonderlich schlimm. Wenn es dann jedoch zu einem Angriff durch einen Disruptor kommt, sind solche Unternehmen unfähig schnell, flexibel und kreativ zu reagieren. Auf die Fragen von heute, geben sie Antworten von gestern.

Deshalb gewähren Unternehmen wie Netflix ihren Beschäftigten weitreichende Freiheiten. Alle Fehler, die man wieder gut machen kann, dürfen begannen werden. Die Führungskräfte von Netflix gehen mit gutem Beispiel voran und machen das gewünschte Verhalten vor. Und die wichtigste Prämisse lautet: Der Chef ist kein Spieler. Er muss nicht besser spielen können als seine Spieler. Stattdessen muss er dafür sorgen, dass sich seine Spieler optimal entfalten können. Und das bedeutet nun mal die Abgabe von Kontrolle und Macht.

To Do:

Prozessdenken gibt etablierten Unternehmen die notwendige Effizienz, um schnell und kostengünstig neue Produkte oder Dienstleistungen ins Spiel (in den Markt) zu bringen. Wenn sich das Spiel und die Spielregeln jedoch ändern, dann werden in der Regel prozessorientierte Player als erstes aus dem Spiel gefegt.

Horatio Nelson versenkte mit seinem legendären Nelson Touch den Großteil der französisch-spanische Armada bei Trafalgar, indem er seine Gegner mit einer neuen Taktik konfrontierte.

Stanley McChrystal organisierte seine Teams als Netzwerk und verhalf ihnen so zur notwendigen Flexibilität, um die Oberhand über Al-Qaida zu gewinnen.

Hat Dein Unternehmen die notwendige Flexibilität, um zu bestehen, wenn sich die Spielregeln in Deiner Branche ändern?

1.10

Was man von Bauern lernen kann

Glück? Unglück?

„Das Leben pocht auf Veränderungen und es liebt die Dynamik."

Ein Bauer hatte einen Sohn, mit dem er jeden Tag seine Felder bestellte. Eines Tages lief das einzige Pferd des Bauern weg. Woraufhin die Nachbarn des Bauern bemerkten: *„Was für ein Unglück."* Der Bauer dachte wiederum: *„Glück? Unglück? Die Zeit wird es zeigen."* Einige Tage später kam das Pferd wieder, jedoch nicht allein. Ihm folgten fünf wilde Pferde. Die Nachbarn des Bauern jubelten: *„Was für ein Glück."* Der Bauer dachte wiederum: *„Glück? Unglück?"* Als der Sohn des Bauern versuchte eines der Wildpferde zuzureiten, warf dieses ihn ab und er brach sich das Bein. Die Nachbarn des Bauern waren bestürzt: *„Was für ein Unglück."* Der Bauer dachte wiederum: *„Glück? Unglück?"* Einige Zeit später brach ein Krieg aus und die Regierung zog alle jungen Männer in die Armee ein, bis auf den Sohn des Bauern, wegen seines gebrochenen Beins. Die Nachbarn des Bauern bemerkten: *„Was für ein Glück."* Der Bauer dachte wiederum: *„Glück? Unglück?"*

Diese Geschichte hörte ich am Wochenende vom Bestseller Autor Bodo Schäfer. Weil ich sie so großartig finde, habe ich sie sogleich in diesem Kapitel verarbeitet.

Als Führungskraft macht man sich sicherlich Gedanken über die Zukunft seiner Abteilung oder auch seines Unternehmens. Man macht Pläne für die Zukunft und arbeitet Maßnahmen und Ziele aus. Was auch gut ist, denn schließlich braucht man selbst und auch die Mitarbeiter einen Kompass, der Hilft die Richtung zu halten.

Doch dann gibt es da noch das Leben, das immer wieder mal dazwischenfunkt. Es ist wie eines der Wildpferde aus der Geschichte über den Bauern. Wenn man das weiß, dann lernt man damit umzugehen. Weiß man es jedoch nicht, dann wird man jedes Mal abgeworfen, wenn man es reiten will.

Bodo meint dazu: *„Das Leben pocht auf Veränderungen und es liebt die Dynamik. Und Du solltest anfangen es dem Leben gleich zu tun. Ansonsten wird es Dich immer wieder daran erinnern, indem es Dir Veränderungen schickt, die Dich aus dem Gleichgewicht werfen. Solange, bis Du gelernt hast mit Veränderungen umzugehen, indem Du sie mit offenen Armen begrüßt. Du fängst an aus den Problemen Kraft zu ziehen. Kraft für Dein weiteres Wachstum.“*

Bei diesen Worten kam mir in den Sinn, dass das Leben aus einer Aneinanderreihung von Problemen besteht. Und es gewinnt derjenige, der die meisten Probleme löst. Die Herausforderung besteht nun darin, sich mit Problemen anzufreunden, denn eigentlich wollen wir keine Probleme haben. Es gibt jedoch nur einen Platz in der Stadt, an dem die Leute keine Probleme mehr haben, das ist der Friedhof. Die Menschen, die dort liegen, haben keine Probleme mehr, aber sie sind eben auch tot. Wenn man also Probleme hat, dann ist das ein gutes Zeichen, denn es bedeutet, dass man noch am Leben ist. Es bedeutet, dass man noch so richtig was reißen kann.

Als Führungskraft sollte man eine optimistische Weltsicht haben. Ich persönlich habe noch nie von Pessimisten gehört, die Großartiges vollbracht haben. Gleichzeitig sollte man das Leben nicht aus der Perspektive unserer Wünsche betrachten, sondern es so nehmen, wie es ist. Glück oder Unglück? Gut oder schlecht? Man weiß es nicht. Schauen wir stattdessen, wohin es uns führt. Wohin uns das Leben jedoch führt, das erfahren wir erst, wenn wir dort angekommen sind. Machen wir in der Zwischenzeit also das Beste daraus.

To Do:

Lerne die Probleme, die Dir das Leben serviert, mit offenen Armen zu empfangen. Ich finde, je größer das Problem ist, desto mehr sollte man sich darüber freuen. Denn das Leben spricht einem zu: *„Ich traue Dir zu, dass Du das Problem löst.“*

1.11

Auf den Schultern von Giganten

Alle Menschen tragen zu Deinem Erfolg bei

Du hast Einfluss auf alle Menschen

„Du isst verdammt langsam, Georg“, sagte meine Frau neulich zu mir beim Abendessen, nachdem sie ihre Portion regelrecht vernichtet hatte. *„Das stimmt“*, gab ich ihr zurück. Dabei ist sie nicht die erste Person, der das auffällt. Jedoch anders als die anderen weiß sie, warum das so ist.

Zunächst einmal wird man durch das langsame Verspeisen einer Mahlzeit schneller satt. Also, man wird natürlich immer gleich schnell satt. Aber durch das in die Länge ziehen der Mahlzeiteinnahme passiert das noch während der ersten Portion, sodass man keinen Hunger auf eine weitere Portion verspürt. Das wiederum ist gut für die Figur.

Doch das ist nicht der entscheidende Grund für mein langsames Essverhalten. Der wahre Grund stellt ein Ritual dar, das ich bei jeder Mahlzeit praktiziere. Es hilft mir zu entschleunigen, in einer Welt, die buchstäblich jeden Tag aufs Neue dabei ist sich zu überschlagen. Und es hilft mir ins Gedächtnis zu rufen, warum ich beruflich tue, was ich tue.

Mein Ritual ist einfach. Bevor ich den ersten Bissen zu mir nehme, danke ich für die Mahlzeit, die vor mir steht. Und anschließend danke ich bei jedem Bissen all den Menschen, die dafür gesorgt haben, dass diese Mahlzeit vor mir steht und mir die notwendige Energie gibt.

Ich fange an bei den Menschen, die die Mahlzeit zubereitet haben. Anschließend danke ich den Menschen, die diese Menschen ausgebildet haben, gefolgt von den Menschen, die die Kochutensilien hergestellt haben. Es folgen die Menschen, die die Maschinen und Anlagen zur Herstellung der Kochutensilien entwickelt und hergestellt haben. Und natürlich danke ich auch den Menschen, die auf die Kinder dieser Menschen aufgepasst haben.

Dann sind da noch all die Menschen, die die Kleidung produzieren, damit wir nicht nackt rumlaufen müssen. Menschen, die schwierige Entscheidungen treffen mussten und müssen. Also Menschen, die beispielsweise in den Krieg gezogen sind, damit ich heute in einem Land leben kann, in dem Frieden herrscht. Die Kette an Menschen, denen ich dankbar bin, ist endlos und geht all die Jahrhunderte zurück, bis zu den ersten Menschen, die ihre Mahlzeiten gegen einen Säbelzahntiger in der Eiszeit verteidigen mussten, oder so. Eben dort, wo alles für uns Anfing.

Ich denke, Du hast es erfasst, was ich meine. Der Punkt ist, dass Du und ich, wir alle stehen heute an der Spitze dieser Menschen, die uns vorweggegangen sind. Und ich weiß nicht, wie es Dir mit diesem Gedanken geht, aber ich verspüre tiefe Dankbarkeit, denn alle Menschen tragen zu meinem Erfolg bei. Das ist die Konsequenz aus meiner Dankbarkeitsübung.

Gleichzeitig verspüre ich auch eine Verantwortung allen Menschen gegenüber, auf die ich Einfluss nehme, denn diese Menschen nehmen Einfluss auf andere Menschen und damit nehme ich Einfluss auf die gesamte Menschheit, die aktuell auf dieser Erde wandelt und zukünftig wandeln wird. Ein ZIEMLICH großer Gedanke, oder? Wie geht es Dir damit?

Es gab mal eine Studie, die festgestellt hat, dass jeder von uns über fünf oder sechs Kontakte mit der ganzen Menschheit bekannt ist. Für mich ist damit jeder für jeden verantwortlich.

Tom Peters, Management Guru und einer meiner Vorbilder, hat es für mich treffend beschrieben, als er sagte: *„I ride on the shoulders of giants.“*

Da ich so ziemlich genau das tue, was Tom auch tut, geht es mir da ähnlich. Ich stehe auf den Schultern von Giganten. Meine Leistung ist das Proträtieren der Leistung anderer. Ohne sie gäbe es dieses Buch nicht. Ohne sie könnte ich meine Talente nicht ausleben. Und damit hätte ich keine Daseinsberechtigung. Aus diesem Grund möchte ich positiven Einfluss auf meine Mitmenschen nehmen und sie dazu bewegen mit ihren Talenten ebenfalls positiven Einfluss auf andere zu nehmen.

Also, ja.

Ich esse VERDAMMT langsam.

Und das hat einen VERDAMMT guten Grund.

Neben meiner Frau kennst Du ihn jetzt auch.

Dieser VERDAMMT gute Grund bist Du und jeder andere auf diesem Planeten.

Und vergiss nicht: Du hast immer Einfluss auf Deine Mitmenschen.

Es ist immer Showtime.

Immer.

Sei freundlich.

Sei fürsorglich.

Sei geduldig.

Sei anwesend.

Sei positiv.

Sei fördernd.

Sei humorvoll.

Sei begeistert.

Sei aktivierend.

Sei vergebend.

To Do:

Du kennst die Übung. Mach sie. Mach sie wirklich und Deine Mitmenschen werden sich verändern, weil Du Dich veränderst.

1.12

Keine Angst zu scheitern

Das Leben gibt uns ständig Feedback

Das Leben ist zu kurz, um die wichtigen Dinge auf die lange Bank zu schieben

In jeder Katastrophe schlummert eine Chance

Transparenz und Offenheit macht uns außergewöhnlich

Während des Sommerurlaubs 2022 entdeckte ich ein altes Hobby von mir neu: Skateboard fahren. Es ist gut 20 Jahre her, dass ich das letzte Mal auf einem Skateboard stand. Den ausschlaggebenden Grund mit 33 Jahren wieder aufs Board zu steigen, lieferte mir wieder mal mein fünfjähriger Sohn. Er schaute sich ein YouTube-Video über einen sechsjährigen Jungen an, der die tollsten Tricks mit dem Board draufhat und wollte daraufhin auch ein Board haben.

Als sein Board ankam, steckten wir es kurzerhand ein und suchten einen Skatepark bei uns in der Nähe auf, um es zu testen. Und natürlich stellte ich mich auch auf das Board, widererwarten bereitete mir das Fahren große Freude, sodass in mir der Gedanke an ein eigenes Board aufkam.

Wir hatten das Glück, nicht die einzigen auf dem Skatepark zu sein. Neben ein paar Jugendlichen waren da auch noch zwei Brüder mit ihrem Onkel unterwegs, den sie liebevoll *„Onkel Chrisi"* nannten. Ich schätzte Onkel Chrisi auf um die 60 Jahre. Wir kamen ins Gespräch und unterhielten uns ein bisschen. Und dann ließ Onkel Chrisi einen Satz fallen, der bei mir ein Commitment zum Skateboard fahren auslöste: *„Noch einmal jung sein."* Er sagte es beiläufig und mehr so, als würde er es zu sich selbst als zu mir sagen.

Vor diesen Worten machte ich mir einen Kopf darüber, ob ich mit 33 Jahren nicht schon zu alt bin, um noch Skateboard fahren zu lernen. Denn schließlich fangen die meisten damit im Kindes- oder Jugendalter an. Doch dann dachte ich mir, zu alt oder zu jung, was macht das schon, solange es mir Spaß macht, sollte ich mehr davon tun.

Auch erinnerte ich mich an die Lektion, die mir mein Sohn vor zwei Jahren beibrachte, als er mich fragte, ob ich spiele, um zu gewinnen, oder ob ich spiele, um zu verwalten. Natürlich spiele ich, um zu gewinnen. Ich möchte neue Erfahrungen gewinnen. Dinge ausprobieren, die mich an mein Limit und darüber hinausbringen. Dinge, die ich mir neu erschließen muss. Dinge, die mir Freude bereiten. Dinge, die mich wachsen lassen.

Und es fiel mir die Geschichte der Australierin Phyllis Turner ein, die mit 94 Jahren ihren Uni-Abschluss in Medizin machte und am liebsten gleich weiter studiert hätte. Ob wir für etwas zu alt oder zu jung sind, entscheiden wir selbst. Oder wie es die Schauspielerin Billie Burke feststellte: *„Alter ist etwas, das keine Rolle spielt, es sei denn, man ist ein Käse.“* Oder ein Wein, was man eben lieber mag.

Meiner Meinung nach ist es besser, die Dinge auszuprobieren und mit ihnen zu scheitern, als sie nie versucht zu haben. Der letzte Gedanke wurde mir weit vor der Geburt meines Sohnes bewusst, als ich unfreiwillig 100 Sozialstunden in einem Altersheim meiner Wahl ableistete.

Unser Leben ist keine Privatsache. Eine Geschichte, die wir erlebt haben, kann auch für andere hilfreich sein. Aber nur, wenn wir sie mit anderen teilen. Hier kommt also meine Geschichte.

Meine Geschichte

Ich nehme Dich mit zu ein paar schicksalshaften Tagen meiner Vergangenheit. Zwei Monate nachdem ich meine sauer verdiente Ausbildung zum Elektroniker für

Automatisierungstechnik angetreten hatte, setzte ich diese aufs Spiel. In meinem jugendlichen Leichtsinn beteiligte ich mich an einer Mobbing-Aktion gegen einen anderen Auszubildenden.

Wir setzten dem jungen Mann richtig zu, sodass er irgendwann nicht mehr weiterwusste und sich an unsere Ausbilder wandte. Eines Morgens erwartete uns dann die Personalchefin in unserem Unterrichtsraum und machte uns so richtig die Hölle heiß. Sie machte uns unmissverständlich klar, dass so etwas im Unternehmen nicht geduldet wird und unsere Zukunft im Unternehmen auf Messers Schneide steht.

Ich hatte damals das Gefühl, dass mein Leben zu Ende ist, wenn ich diesen Ausbildungsplatz verlieren würde. Es gab dann auch eine Untersuchungsgruppe, die die Entscheidung traf, dass einer von uns das Unternehmen tatsächlich verlassen musste. Die anderen, zu denen auch ich gehörte, durften bleiben, weil sie ihre Tat zutiefst bereuten. Und wie wir sie bereuten.

Gleichzeitig wurden wir zu jeweils 100 Sozialstunden in einem Altersheim unserer Wahl verdonnert. Und das völlig zu Recht. Der Zweck dieser Sozialstunden war es, dass wir an unserer Sozialkompetenz arbeiten, indem wir hilfsbedürftige Menschen unterstützen. Rückblickend ist diese Erfahrung eine der wertvollsten, die ich bisher in meinem Leben machen durfte.

Wenn Du Dich mit 80/90jährigen unterhältst, dann kommst Du früher oder später an einen Punkt, an dem Deinem Gegenüber Tränen über die Wangen laufen. Das ist der Punkt, an dem Dein Gegenüber Dir erzählt, was er alles in seinem Leben bereut: nie die Welt bereist zu haben, kein eigenes Unternehmen gegründet zu haben, nicht den Mut aufgebracht zu haben sich für andere einzusetzen, zu wenig Zeit mit der Familie verbracht zu haben, sich mit den Liebsten verkracht zu haben. Und gleichzeitig ist diesen Menschen bitterlich klar, dass es mit 80/90 Jahren bereits zu spät ist all diese Dinge wieder grade zu biegen. Sie sind krank, nicht mehr mobil, auf andere angewiesen, nicht mehr Herr über ihren Geist, haben keinen Kontakt mehr zu ihren Liebsten. Es ist einfach zu spät.

Katastrophen sind Chancen

Warum erzähle ich Dir das? Durch diese Katastrophe gelangte ich zu drei Erkenntnissen, die mich seither begleiten:

#1 Das Leben gibt uns ständig Feedback (meine damalige Personalchefin). Die Frage ist, ob wir uns die Zeit nehmen dieses Feedback wahrzunehmen.

#2 Das Leben ist zu kurz, um die wichtigen Dinge auf die lange Bank zu schieben (die 80/90jährigen).

#3 In jeder Katastrophe schlummert eine Chance. Ergreife sie, auch wenn Du Dich vielleicht noch nicht dazu bereit fühlst (meine Lebenserfahrung).

Ich ergriff damals meine Chance, zeigte was in mir steckt, verkürzte meine Ausbildungszeit um ein halbes Jahr und nahm jede Prämie mit, die das Unternehmen für herausragende Leistungen zu bieten hatte. Ich setzte alles daran, dass diejenigen, die mir die zweite Chance schenkten, auf ihre Entscheidung und auf mich stolz sein konnten.

Außergewöhnlich sein

Und es gibt noch einen vierten Punkt, warum ich Dir das erzähle. Das Leben hat mir zurückgespiegelt, dass ich etwas Außergewöhnliches mache, wenn ich meine ungeschützte Seite mit anderen offen teile. Es ist außergewöhnlich, weil es nicht gesellschaftlicher Konsens ist. Was ich jedoch dabei beobachte, ist, dass ich durch die Erzählung meiner Geschichte anderen Menschen indirekt die Erlaubnis gebe es mir gleich zu tun. Und das macht uns menschlich.

Was das mit Führung, Digitalisierung und Investments zu tun hat? Nun, jedes Unternehmen kommt im Laufe seines Bestehens irgendwann an einen Punkt, an dem radikale Entscheidungen getroffen werden müssen. Diese Entscheidungen sind für den Fortbestand des Unternehmens und der Arbeitsplätze wichtig. Und dabei können uns diese vier Erkenntnisse behilflich sein:

#1 Das Leben gibt uns ständig Feedback: Die Digitalisierung ist gekommen, um zu bleiben. Ob uns das gefällt oder nicht. Unsere Aufgabe ist es diese Entwicklung bewusst wahrzunehmen und das Beste aus ihr herauszuholen. Für uns, für unser Unternehmen und unsere Gesellschaft.

#2 Das Leben ist zu kurz, um die wichtigen Dinge auf die lange Bank zu schieben: 89 Prozent der Führungskräfte stoßen bei der digitalen Transformation an ihre Grenzen. Meines Erachtens sind die Meisten zu sehr mit dem Tagesgeschäft beschäftigt und nehmen sich nicht ausreichend Zeit für die Zukunft.

#3 In jeder Katastrophe schlummert eine Chance: Als das Labor samt aller Aufzeichnungen des berühmten

Erfinders Thomas Alva Edison durch ein Feuer vollständig zerstört wurde, betrachtete er es als eine glückliche Fügung, als eine Chance wieder ganz von vorn anzufangen, es besser zu machen, ohne den alten Ballast. Eine Frage der Perspektive eben.

#4 Transparenz und Offenheit macht uns außergewöhnlich: Es macht uns außergewöhnlich, weil es sich kaum einer traut. Und Menschen folgen außergewöhnlichen Menschen. Habe also keine Angst davor Deine Fehler offen darzulegen, insbesondere als Führungskraft. Meine Erfahrung ist, dass man dadurch nur gewinnen kann: an Unterstützung, an Vertrauen, an Verbundenheit, an Menschlichkeit.

Daher habe ich die Einstellung, dass es besser ist, die Dinge auszuprobieren und mit ihnen gegebenenfalls zu scheitern, als sie nie versucht zu haben. Denn irgendwann ist die persönliche Zeit abgelaufen.

Danke, Onkel Chrisi, für Deine beiläufigen, so großen Worte.

Danke, Phyllis Turner, dass Du uns gezeigt hast, was mit 94 Jahren noch so alles geht.

Danke, Billie Burke, für Deine spritzige Feststellung hinsichtlich des Alters und den frechen Bezug zu einem Käse.

Danke, mein Sohn, dass Du mir immer wieder vor Augen führst, dass wir spielen sollten, um zu gewinnen.

To Do (A):

Ergreife die Chancen, die sich Dir bieten. Transformiere Katastrophen, die Dich ereilen, in Chancen. Und sei außergewöhnlich. Habe den Mut die Dinge anzugehen und mit ihnen gegebenenfalls zu scheitern.

To Do (B):

Solltest Du mal scheitern, dann vergiss nicht wieder aufzustehen und daraus zu lernen. Und wenn es Dir wert ist, dann mach einen weiteren Anlauf. Und noch einen. Und noch einen. Und noch einen. …

1.13

Storytelling als Führungskraft

Eine Geschichte, die wir erlebt haben, kann auch für andere hilfreich sein. Aber nur, wenn wir sie mit anderen teilen

Meine Geschichte kennst Du ja bereits aus dem vorangegangenen Kapitel. Und damit kennst Du auch meine Beweggründe, warum ich Dinge einfach ausprobiere, ohne dabei zu wissen, ob sie von Erfolg gekrönt sein werden oder nicht.

Als ich damit begann meine Geschichte öffentlich mit anderen zu teilen, war ich mir anfangs unsicher, wie meine Umwelt reagieren würde. Ich hatte die Geschichte zwar einigen ausgewählten Leuten erzählt. Doch es ist nochmal etwas anderes, wenn man die persönliche Geschichte der ganzen Welt eröffnet.

Auf der anderen Seite war mir die Wirkung von Geschichten seit jeher bekannt. Sie ist uns allen bekannt, nämlich aus unserer Kindheit. Es gibt wohl kein Kind, das sich nicht über eine spannend erzählte Geschichten freut. Und im Erwachsenenalter ist das nicht anders. Wir stehen auf Geschichten, die uns berühren und in uns etwas auslösen. Die uns zum Lachen oder auch zum Weinen bringen. Die uns einfach nur unterhalten oder zum Grübeln bringen. Und wenn uns diese Menschen mit ihrer Geschichte berühren, so entsteht eine Verbindung zwischen uns und ihnen und wir fangen an ihnen zu vertrauen.

Und nicht nur das. Wenn es sich bei diesen Menschen um Geschäftsleute handelt, so fangen wir an auch ihre Produkte (Ideen) zu kaufen.

Das ist der Grund, warum sich jemand ein MacBook kauft und es mit seinem iPhone synchronisiert, weil er sich dann ein Stück weit, wie Steve Jobs fühlt, eben als Held der Innovation.

Das ist der Grund, warum jemand ein Amazon Prime Abo abschließt und seine Einkäufe online erledigt, weil er sich dann ein Stück weit, wie Jeff Bezos fühlt, eben als Held seiner Zeit.

Das ist der Grund, warum sich jemand einen Tesla kauft, weil er sich dann ein Stück weit, wie Elon Musk fühlt, eben als Held des Fortschritts.

Und das ist der Grund, warum ich diesem Thema ein eigenes Kapitel in diesem Buch gewidmet habe. Weil Du um die Kraft von Geschichten wissen und sie nutzen solltest. Ich habe mich dazu entschlossen dieses Buch mit Geschichten vollzupacken, weil sie die Inhalte spannend machen und zum Nachahmen anregen. Geschichten handeln von Menschen, echt oder erfunden. Und Menschen wollen von anderen Menschen hören, lesen, sie sehen und ihnen folgen.

Deine Geschichte, ist die Metageschichte, die über allem steht. Sie ist die Kernbotschaft all Deiner Aktivitäten. Sie muss Dein Gegenüber berühren. Und je mehr sie das tut, desto stärker identifizieren sich die Menschen mit Dir. Das ist der Grund, warum die Menschen eher wie Elon Musk und weniger wie ein x-beliebiger CEO eines anderen Autoherstellers sein möchten. Weil Elon eine Geschichte erzählt, die die Menschen berührt.

Anfangs hatte ich auch Schwierigkeiten damit meine Geschichte mit den Themen zu verbinden, für die ich stehe: Führung, Digitalisierung und Investments. Doch irgendwann gelang es mir dann doch, wie Du weißt. Die Dinge entwickeln sich eben, wenn man sich mit ihnen beschäftigt.

Ich bin davon überzeugt, dass jeder von uns eine Geschichte hat, die es wert ist, erzählt zu werden. Und selbst wenn man keine eigene Geschichte hat, so gibt es zahlreiche Geschichten auf dieser Welt, aus denen man sich bedienen kann. So wie ich es auch für dieses Buch getan habe.

Menschen folgen nicht Unternehmen, sondern sie folgen anderen Menschen. Menschen mit spannenden Geschichten und einer Mission. Storytelling war, ist und bleibt eine Kernfähigkeit von Menschen, die führen möchten. Es lohnt sich und macht Spaß diese Fähigkeit zu entwickeln.

To Do (A):

Präsentierst Du noch oder begeisterst Du schon? Wenn Du tiefer in die Thematik einsteigen möchtest, dann kann ich Dir das Buch *Rede. Die Macht des gesprochenen Wortes* von Dale Carnegie empfehlen.

Laut Dale gibt es für jede Kunst einige wenige Grundsätze und mancherlei Techniken. So natürlich auch für das Storytelling.

Im Buch folgt eine Geschichte der anderen. Und dazwischen finden sich die von Dale besagten Grundsätze und Techniken, mit deren Hilfe Du Dein Publikum für Deine Ideen gewinnen kannst. Verabschiede Dich vom betreuten Lesen. Es wird Zeit für emotionale Rhetorik.

To Do (B):

Was ist Deine Geschichte? Denke an ein Problem, das Du in der Vergangenheit überwunden hast, privat ebenso wie beruflich. Schreib diese Geschichte auf, damit Du sie einstudieren kannst.

Du kannst Dich dabei nach dem folgenden Schema orientieren:

- Held
- Problem
- Lösung
- Learnings
- Vision

To Do (C):

Wenn Dir auf Anhieb keine persönliche Geschichte einfällt, dann kannst Du Dich natürlich auch an den Geschichten anderer Menschen bedienen.

Leg die Geschichten systematisch ab, indem Du sie beispielsweise nach Themen sortierst. So verfügst Du irgendwann über einen Fundus an Geschichten für die Themen, die Dich bewegen. Und dann kannst Du mit diesen Geschichten andere bewegen.

To Do (D):

Verflechte die Geschichten mit den Inhalten, die Du transportieren möchtest.

1.14

Spitzenleistung, alles oder nichts

Die nächsten fünf Minuten oder gar nichts

Vor einigen Wochen hat mich eine Kundin erneut für eine Keynote gebucht. Bei dieser Kundin handelt es sich um eine Wiederholungstäterin, wie man so schön sagt. Im positiven Sinne natürlich, denn sie greift zum wiederholten Mal auf meine Leistung als Speaker zurück. Da ist es nur selbstverständlich, dass ich auch dieses Mal wieder alles in die Keynote reinlege. Ich werde für sie und ihre Teilnehmer die beste Show abfackeln, die ich habe. Denn Spitzenleistung ist das, was mich zu diesem Wiederholungsauftrag gebracht hat.

Ich liebe Spitzenleistung. Und wenn ich eine Keynote halte, dann fällt es mir besonders leicht Spitzenleistung zu erbringen, weil ich mich in meinem Sweetpoint aufhalte. Es ist eine ideale Überschneidung meiner wichtigsten Talente und dem, was mir Spaß macht. Ich bin mir sicher, dass wir alle solche Sweetpoints haben, in denen es uns besonders leichtfällt, Spitzenleistung zu erbringen.

Doch der Gedanke, den ich hier mit Dir teilen möchte, geht weit über diese Sweetpoints hinaus. Es wird der Sache einfach nicht gerecht, wenn wir nur in unseren Sweetpoints outperformen und in allen anderen Bereichen patzen. Deshalb ist Spitzenleistung für mich eine Geisteshaltung, die alles bestimmt, was man anpackt.

Spitzenleistung sind die ersten fünf Minuten Deines nächsten Meetings.

Spitzenleistung ist die nächste E-Mail, die Du schreibst.

Spitzenleistung ist die Extrameile, die Du für Deine Kunden gehst. Immer und immer wieder.

Spitzenleistung ist, wenn Du Deinem Gegenüber konzentriert zuhörst, um zu verstehen, was ihn bewegt.

Spitzenleistung ist, wenn Du einen anderen zum Lachen bringst.

Spitzenleistung ist eben alles, was Du anpackst oder es ist alles nichts.

Und, und, und …

Ein hoher Anspruch an sich selbst, ich weiß. Aber was bleibt uns übrig? Es ist so, wie es Rodney Fitch, Fitch on Retail Design, feststellt:

„Only one company can be the cheapest. All others must use design."

Spitzenleistung ist Design.

Design Deines Umgangs mit Kunden.

Design Deiner nächsten E-Mail.

Design Deiner Wortwahl in einem Meeting.

Design der Arbeitsumgebung für Deine Mitarbeiter.

Design des Onboardings für neue Mitarbeiter.

Und, und, und …

Und warum Spitzenleistung nichts Punktuelles sein kann, bemerkt der Starinvestor Warren Buffett:

„It takes twenty years to build a reputation and five minutes to ruin it."

Spitzenleistung sind die nächsten fünf Minuten oder gar nichts.

Deine Reputation ist das, was Dir vorauseilt. Und entweder es ist Spitzenleistung oder es ist nichts, was Dir da vorauseilt. Deshalb ist Spitzenleistung eine Einstellung mehr zu liefern, als andere bestellt haben. In besserer Qualität zu liefern, als andere es für nötig halten. Und das alles mit einer freundlichen und zuvorkommenden Geisteshaltung gegenüber den Kunden (Chefs, Kollegen und all die anderen Menschen, mit denen Du zutun hast).

Deine Kunden haben Dich dorthin gebracht, wo Du aktuell stehst. Und wenn Du gut bist, wenn Du Spitzenleistung ablieferst, dann werden Dich Deine Kunden noch viel weiterbringen. Davon bin ich überzeugt.

To Do (A):

Nimm Dir die Zeit, um über Spitzenleistung nachzudenken. Geh nicht einfach so über dieses Kapitel. Was bedeutet Spitzenleistung für Dich? Benenne Praxisbeispiele. Was bedeutet Spitzenleistung für Deine Kunden?

To Do (B):

Und wenn Du die Idee von Spitzenleistung von mir gekauft hast, dann meditier darüber. Ich bin kein Yogi. Du sollst Dich nicht hinsetzen und meditieren, sondern nimm Dir eine Pause, um zu prüfen:

Spiegelt die Mail, die ich gerade abschicken will, wider, wie ich als Mensch bin?

Schaue ich den Leuten in die Augen, wenn ich mit ihnen spreche?

Habe ich meine Worte sorgfältig gewählt, für das, was ich mitteilen möchte?

Und …
Und …
Und …

1.15

Reflektieren

Was macht ein Pädagoge im Dunkeln?

Es gibt gewisse Kompetenzen, für die wir andere Menschen beneiden, weil wir sie selbst nicht besitzen. Ich habe in meiner Jugend Altersgenossen beneidet, die Gitarre spielen konnten. Der Typ mit der Gitarre war lässig und cool und hat mit seiner Gitarre, die er gekonnt spielte, den Mädels den Kopf verdreht. Später sattelte ich dann um und begeisterte mich für das Klavier. Ich stellte mir vor, wie ich als Virtuose in einen weißen Anzug gekleidet mich an den Flügel setze, der in der Empfangshalle eines Grand Hotels steht, und mit meiner Kunst den Hotelgästen eine unerwartete musikalische Erfahrung bereite.

Leider hat es bei mir dann nur für die Blockflöte gereicht. Blockflöte, nicht gerade das Instrument, mit dem man die Herzen der Mädels höherschlagen lässt, dachte ich mir damals und hängte die Sache an den Nagel. Doch glücklicherweise gab es da noch eine dritte Kompetenz, für die ich andere beneidete, die sie beherrschten. Es handelt sich um die Kompetenz Situationen und Gespräche mit Witzen und Anekdoten zu bereichern.

Es hat vier Jahre gedauert, jede Menge Überwindung gekostet vor anderen Witze zu erzählen und Systematik zur Archivierung der Witze und Anekdoten erfordert, aber es hat sich gelohnt. Heute kann ich sagen, auch mit ein bisschen Stolz, dass mich andere für diese Kompetenz beneiden.

Eine Kompetenz übrigens, die sich auch wunderbar auf die Entwicklung und das Halten von Vorträgen oder das Auflockern von Texten übertragen lässt. Wenn einen dabei das Publikum noch nicht kennt, dann ist es klug, wenn man sich zunächst selbst durch den Kakao zieht. An meiner eigenen Person veranschaulicht könnte das wie folgt aussehen:

Ich bin von Haus aus Ingenieur. Und wir Ingenieure haben eine eigenartige Sicht auf die Dinge:

Während der Optimist sagt: *„Das Glas ist halb voll."*

Erwidert der Pessimist: *„Das Glas ist halb leer."*

Und der Ingenieur stellt treffend fest: *„Das Glas ist doppelt so hoch wie es sein müsste."*

Ein möglicher Rückschluss aus dieser Anekdote: Es ist alles eine Sache der Perspektive. Betrachte die Dinge so, wie sie sind. Die Situation ist wie sie ist. Sie ist weder gut noch ist sie schlecht. Die Frage ist, was Du aus der Situation machst. Ich meine, mehr als ein volles Glas geht nicht, oder?

Letztens stieß ich auf den folgenden Witz:

Was macht ein Pädagoge im Dunkeln?

Reflektieren.

Ich habe ihn seitdem mehrfach mit unterschiedlichstem Publikum getestet. Ein todsicherer Lacher. Mindestens jedoch ein Schmunzler. Aber es steckt auch etwas Weisheit in dem Witz. Uns allen tut es gut, wenn wir unsere Handlungen von Zeit zu Zeit reflektieren. Wohin führt uns der Weg, wenn wir ihn weiter beschreiten? Ist es das, was wir wollen? Wird uns das Endergebnis Freude bereiten? Welche Möglichkeiten (Wege) gibt es noch? Ist einer dabei, der besser zu mir passt? Für welchen würde ich mich entscheiden, wenn ich wüsste, dass ich Erfolg haben werde?

Die Fragen sind universell und auf alle Lebensbereiche und Themen übertragbar. So natürlich auch auf den persönlichen Führungsstil. Oder auch auf Organisationen, wenn man beispielsweise den Fortschritt der Digitalisierung betrachtet. Oder eben auch auf Investments, die man tätigt.

To Do:

Ich bin ein großer Freund des Reflektierens, weil es mir hilft herauszufinden, was in meinem Leben wichtig ist und ob meine Aktivitäten auf meine Ziele einzahlen. Aus diesem Grund habe ich mehrere Routinen eingeführt, die mir das Reflektieren erleichtern.

So beende ich beispielsweise jeden Tag damit, dass ich fünf Erfolge des Tages notiere.

Am Ende jeder Woche gehe ich diese Erfolge durch und prüfe, welche von ihnen auf meinen Lebenssinn einzahlen. Anschließend plane ich die nächste Woche und die neuen Aktivitäten, die auf meinen Lebenssinn einzahlen.

Am Ende des Jahres nehme ich mir zwei bis drei Tage Zeit (zwischen Weihnachten und Neujahr), um meine fünf wichtigsten Lebensbereiche zu reflektieren und wie sie sich in dem letzten Jahr entwickelt haben. Diese Bereiche sind: Gesundheit, Beziehungen, Finanzen, Emotionen und Lebenssinn.

Führe Routinen ein, die Dir helfen den Kurs zu halten. Mach es systematisch.

Mach es einfach.

Und mach es einfach. Du weißt schon: Get the shit done!

2

Digitalisierung: Einfach mal machen

„Talk is cheap.
JUST MAKE STUFF.“

„Verlierer haben Ziele. Gewinner haben Systeme." Ich liebe diese Aussage von Scott Adams, dem Erfinder der Dilbert Comics. Ich liebe sie, weil sie die klassische Erfolgslehre *„Du musst Dir ein Ziel setzen, wenn Du etwas erreichen willst"* auf den Kopf stellt. Entscheidend sind eben nicht die Ziele, sondern die Systeme, die uns zum Erfolg führen.

Scott hat mir geholfen, mich neu auszurichten. Weg von Zielen und hin zu Systemen, die auf meinen Lebenssinn einzahlen. Deshalb möchte ich den Ansatz von Scott mit Dir teilen. Scotts Überzeugung nach, sollte man sich nämlich keine Ziele suchen, sondern Optionen (Projekte und Gewohnheiten), die langfristig unweigerlich zum Erfolg führen, weil man Aktivposten aufbaut, die sich auf andere Projekte übertragen lassen. Und dies tut man, indem man Systeme installiert. Im ersten Moment mag das vielleicht etwas schwer nachzuvollziehen sein oder sich gar technisch anhören. Deshalb ist es hilfreich, wenn wir uns dazu ein paar Beispiele anschauen.

Erfolg, Innovation und Kreativität basieren auf Systematik und nicht auf dem Warten von Geistesblitzen. Der berühmte Comedian John Cleese äußert sich ähnlich wie Scott und sagt: *„Kreativität ist kein Talent, sondern eine Methode des Arbeitens."* Und diese beiden stehen mit ihrer Erfahrung nicht allein dar:

Albert Einstein veröffentlichte 248 wissenschaftliche Publikationen. Berühmt wurde er jedoch fast ausschließlich für seine Arbeit an der Relativitätstheorie.

Der Baseballspieler Reggie Jackson wurde während seiner Karriere 2.600-mal vom gegnerischen Pitcher vom Feld gefegt. Doch jeder erinnert sich nur an die Home

Runs von Reggie, von diesen erzielte er so viele wie kein anderer.

Der Eishockeyspieler Wayne Gretzky erklärt vor diesem Hintergrund: *„You miss 100 percent of the shots you never take."*

Aber es sind nicht nur einzelne Persönlichkeiten, die die Systematik zu ihrem Erfolgsrezept erkoren haben. Beim Unternehmen LEGO® beispielsweise werden den Abteilungen jedes Jahr zehn Prozent ihrer Budgets für laufende Produktideen gestrichen. Das zwingt die Abteilungen entweder effizienter zu werden oder aber neue Produktideen zu entwickeln. Mit diesem Vorgehen sorgt das Unternehmen LEGO® dafür, dass schwächelnde Produktideen rechtzeitig abgeschnitten werden und das so freigewordene Kapital in neue, frische Ideen fließen kann. So können die Abteilungen systematisch dem Zweck des Unternehmens gerecht werden: Kinder immer wieder mit neuen LEGO®-Lebenswelten zu begeistern.

Meine persönliche Praxis als Autor bestätigt mir die Überlegungen von Scott und das von Erfolg gekrönte systematische Vorgehen dahinter. Je mehr ich schreibe, desto besser werden meine Beiträge. Dies beweisen meine zahlreichen Veröffentlichungen in Finanz- und Wirtschaftsmagazinen, wie beispielsweise €uro am Sonntag, Börse Online, Anleger Plus oder Diplomatisches Magazin. Ich meine, die Verantwortlichen dieser Zeitschriften haben einen Ruf zu verlieren.

Vor gut sieben Jahren standen meine Chancen als ungeübter Autor in solchen Magazinen zu veröffentlichen schlecht. Doch mit jedem weiteren Beitrag, den ich schrieb und auf meinem Blog veröffentlichte, wurden meine Chancen immer besser. Schreiben ist eben wie jede andere Fähigkeit auch. Sie wird immer besser, je mehr man sie trainiert. Und mein dahinterstehendes System ist ganz einfach und Reid Schilperoort, Kreativ-Stratege, bringt es für mich auf den Punkt:

„I want to be a Writer.
Write a ton of pieces. Establish a voice on social media.
Start a blog. Write guest posts for friends.
MAKE STUFF.“

Also schreibe ich jede Woche neue Beiträge, veröffentliche diese auf meinem Blog, spreche darüber in den sozialen Netzwerken und lasse sie den Redaktionsteams zukommen, die meine Zielgruppe ansprechen. Es muss nur ein Beitrag dabei sein, der durch die Decke geht. Und wenn ich dafür 1.000 Beiträge schreiben muss, dann ist das eben so.

Nebenbei kann ich diesen Aktivposten auch auf andere Projekte übertragen, indem ich beispielsweise als Ghostwriter für andere Leute schreibe. Diese Leute mögen vielleicht eine enorme Reichweite haben, jedoch fällt ihnen das Schreiben schwer. Anstatt mich fix bezahlen zu lassen, kann ich eine Tantiemen-Beteiligungen auf Lebenszeit vereinbaren. Dadurch installiere ich ein finanzielles System, dessen Gewinnaussichten auch ohne mein weiteres Zutun quasi unbegrenzt sind. Denn je bekannter die andere Person wird, desto öfter verkaufen sich auch die Produkte, an deren Entwicklung ich beteiligt war. Und das ist das, was Scott meint, wenn er von systematisch entwickelten Optionen spricht, die sich auf andere Projekte übertragen lassen.

Für Unternehmen gilt, sie müssen für ihre Mitarbeiter ein Umfeld schaffen, das zum Ausprobieren einlädt. Denn es gewinnt derjenige, der am schnellsten die meisten Dinge ausprobiert. Das gilt sowohl für das Schreiben als auch für die Digitalisierung.

Oder wie es Reid Schilperoort ausdrückt:

„Talk is cheap. JUST MAKE STUFF."

To Do (A):

Verlierer haben Ziele. Gewinner schaffen zu ihren Zielen die passenden Systeme. Schaffe Systeme, die auf Deine Ziele einzahlen. Im Unternehmensbereich können das beispielsweise ein Future Friday oder ein Fellowship Programm für ein Vierteljahr sein.

Beim Future Friday beschäftigt man sich mit Trends und Technologien, die für das Unternehmen relevant sind oder relevant werden können. Die Ergebnisse stellt man dann zusammen und trägt diese seinem Team vor, holt sich ein Feedback ein und entscheidet sich, welche dieser Trends oder Technologien im Rahmen des Future Fridays weiterverfolgt werden sollten, beispielsweise indem man mit Technologien experimentiert.

Beim Fellowship Programm nehmen sich die Teilnehmer Zeit, um sich mit für das Unternehmen relevanten Themen und Technologien zu beschäftigen, indem sie sich in anderen Unternehmen einbringen, beispielsweise bei Startups im Silicon Valley oder in Berlin. Ihre Erkenntnisse lassen sie nach dem Fellowship Programm in das eigene Unternehmen einfließen.

Zum Anfang kann es aber auch ein Tag in einem Coworking Space sein, in dem sich auch Startups tummeln, die für Dein Unternehmen relevant sind. An diesem Tag kommt man mit den Startups ins Gespräch, um neue Impulse aufzusaugen, anstatt sich mit dem Alltagsgeschäft zu beschäftigen.

Oder Du besuchst ein ganzes Jahr lang relevante Events und arbeitest Deine Erkenntnisse für Dein Team auf, holst Dir das Feedback ab und dann …

To Do (B):

… MAKE STUFF! Die Digitalisierung, und im Grunde einfach alles, lebt davon, dass man die Dinge einfach macht. Dies gilt auch für die nachfolgenden Kapitel und überhaupt für das ganze Buch. Den meisten Wert und die größten Erkenntnisse schöpfst Du aus den Dingen, die Du tatsächlich machst. Dadurch erfährst Du sie und machst sie so für Dich greifbar.

2.1

Den eigenen Job auf null setzen

Was würde es für Dich persönlich bedeuten, wenn der Wert Deiner Tätigkeit auf null gesetzt würde?

Entweder machst Du Dir Gedanken um Deine Zukunft oder aber andere machen es für Dich

„Mein Job wird abgeschafft und ich kann nichts dagegen tun“, mit diesen Worten eröffnet Christoph Keese, ehemaliger CEO der Axel Springer SE, sein Buch *Disrupt Yourself: Vom Abenteuer, sich in der digitalen Welt neu erfinden zu müssen.* Er selbst hatte diesen Gedanken während einer Veranstaltung, auf der er damals noch als Journalist, Vertreter einer alten Industrie, mit einer Gruppe von aufstrebenden Bloggern konfrontiert wurde, die das Internet und ihre Community nutzten und nach wie vor nutzen, um werthaltige Informationen zu Grenzkosten von nahe null weltweit und verlagsunabhängig zu veröffentlichen.

Mittlerweile besitzen einzelne Personen eine Reichweite, von denen etablierte Verlage nur träumen können. Unnötig zu erwähnen, dass die Verlagslandschaft im selben Zuge rapide ausgedünnt wurde. Der Gedanke von Christoph ist heute nach wie vor hochaktuell.

„Werde ich zukünftig eigentlich noch gebraucht?“, ist eine berechtigte Frage, wie ich finde. Zumal wir uns insbesondere in den westlichen Industriestaaten stark über unseren Job identifizieren. Gleichzeitig handelt es sich hierbei um eine grundlegende Existenzfrage, die nicht zwangsläufig von der Digitalisierung der Arbeitswelt ausgehen muss. Wenn auch gleich durch die medial verzerrte Berichterstattung der Eindruck entstehen kann, dass in erster Linie die Digitalisierung dafür verantwortlich ist.

Dazu passend zeigte Elon Musk, CEO des E-Autoherstellers Tesla, im Oktober 2022 die Zukunft der Arbeitswelt. In seinen Fabriken sollen zukünftig humanoide Roboter, wie der Tesla Optimus, die Arbeit erledigen, die heute noch von Menschen erledigt wird. Noch handelt es sich um einen Prototyp, der jedoch eindrucksvoll zeigt, wohin die Reise gehen könnte.

Wie genau die zukünftige Arbeitswelt aussehen wird, das kann wohl keiner zu 100 Prozent sagen. Jedoch möchte ich die Ungewissheit an dieser Stelle nutzen und Dich zu einem gedanklichen Experiment einladen. Das Experiment basiert auf der folgenden Frage: Was würde es für mich persönlich bedeuten, wenn der Wert meiner Tätigkeit auf null gesetzt wird?

Ich möchte Dich dazu einladen diese Frage für Dich selbst zu beantworten. Ich verspreche Dir, dass Du dabei eine Menge über Dich selbst, Deine aktuelle Tätigkeit und Deine Zukunft lernen kannst. Wenn Du Unternehmer bist, dann kannst Du diese Frage auch auf das aktuelle Geschäftsmodell Deines Unternehmens übertragen. Und wer weiß, vielleicht stößt Du auf Antworten, die es wert sind, in der Praxis umgesetzt zu werden. Doch zuvor möchte ich ein paar Beispiele skizzieren, bei denen unterschiedliche Jobs und Geschäftsmodelle an Wertigkeit verloren haben, weil sich externe Marktteilnehmer diese Frage bereits vor den Betroffenen gestellt und beantwortet hatten.

Die Erodierung der elitären Verlagslandschaft

1994 wurde in den USA ein Unternehmen gegründet, das zunächst den Verkauf von Büchern revolutionären und anschließend die gesamte Verlagswelt auf den Kopf stellen sollte. Die Rede ist natürlich von Amazon. Als Jeff Bezos das Unternehmen geründete, ging es ihm in erster Linie darum die Ineffizienz des Buchmarktes für sich auszunutzen. Er erkannte, dass für den Verkauf von Büchern keine physische Präsenz im Ladengeschäft erforderlich ist. Mit diesem Gedanken positionierte er sich zwischen dem Endkunden und dem stationären Buchhandel.

Dies hatte gravierende Auswirkungen auf den stationären Buchhandel, dem nach und nach immer mehr Umsatz flöten ging. Doch das war erst der Anfang. Jeff erkannte auch, ähnlich wie Christoph Keese, der mit den Bloggern konfrontiert wurde, dass weit mehr Menschen gerne ein Buch veröffentlichen möchten, als es tatsächlich dürfen. Wodurch die Idee entstand, den elitären Verlagsstatus aufzuweichen.

Gestalt nahm diese Ideen dann durch den Service Kindle Direct Publishing an, über die Autoren ihre Werke im Selbstverlag veröffentlichen und ein Millionen Publikum weltweit erreichen können. Und das Ganze mit einer attraktiven Marge (bis zu 70 Prozent Tantieme im Vergleich zu zehn Prozent bei einem herkömmlichen Verlag) und zu Grenzkosten von nahe null, da ein Buch erst gedruckt wird, wenn es bestellt ist.

Diese Entwicklung hatte wiederum gravierende Auswirkungen für die Verlagslandschaft. Laut der Recherchen von wordsrated.com werden jedes Jahr über 300 Millionen selbstveröffentlichte Bücher verkauft. Im eBook-Bereich liegt der Anteil der im Selbstverlag veröffentlichten eBooks zwischen 30 und 34 Prozent. Amazon allein zahlte 2022 an die verlagsunabhängigen Autoren Tantiemen in Höhe von über 520 Millionen US-Dollar aus. Bereits 2018 lag Amazons Marktanteil an selbstveröffentlichten Büchern (Druck) bei 91,5 Prozent.

An der letzten Zahl zeigt sich auch die Macht des Netzwerkeffekts. Dabei steigt der Nutzen eines Gutes, in diesem Fall Bücher, mit zunehmender Nutzerzahl. Je mehr

Leser Amazon erreicht, desto attraktiver wird die Plattform für Autoren. Und je mehr Autoren auf der Plattform ihre Bücher veröffentlichen, desto attraktiver wird sie für Leser.

Bowker, der weltweit größte Provider von bibliografischen Informationen stellt fest: *„Authors who set out to self-publish, market and distribute high-quality books now have more resources than ever.“* Mit anderen Worten, es war noch nie so einfach wie heute qualitativ hochwertige Bücher zu veröffentlichen, und das ohne klassische Verlagsstrukturen.

Vor diesem Hintergrund fusionierten in den letzten 20 Jahren immer mehr Verlagshäuser, von denen einige ihre Bücher sogar selbst von Amazon drucken und ausliefern lassen, um sich die Lagerhaltungskosten zu sparen. Jetzt könnte man natürlich den Kopf in den Sand stecken und den anderen Marktteilnehmern die Schuld für das zerstörte Geschäftsmodell und den Wegfall der damit verbundenen Jobs geben. Oder aber man entscheidet sich aktiv zu werden und die eigene Tätigkeit beziehungsweise das eigene Geschäftsmodell zu hinterfrage, indem man den Wert selbst auf null setzt und stattdessen etwas Neues entwickelt.

So gelang es dem Ebner Verlag, der sich ursprünglich auf die Zielgruppe *„Feuerwehr & Rettung“* spezialisiert hatte, sich die Vorteile der Digitalisierung zu Nutze zu machen. Mittlerweile bespielt die Ebner Media Group 48 Newsletter, 44 Online-Portale, 158 Social Media Accounts, 3.013 digitale Produkte, 4.722 Shop-Produkte, 19 Onlineshops und 86 Zeitschriften von 18 Standorten auf der Welt. Und das alles hochgradig gruppenspezifisch natürlich.

Der Erfolgsfaktor: Die Verantwortlichen erkannten, dass zwar der Großteil der Jobs im traditionellen Verlagswesen wertetechnisch auf null gesetzt wird, dass die Fähigkeiten der Menschen sich jedoch auf die Möglichkeiten der Online-Welt übertragen lassen. Aus Brief wurde E-Mail, aus physischem Netzwerk wurde digitales Netzwerk, aus TV wurde YouTube, aus Radio wurde Podcast, aus Zeitung wurde Blog und so weiter. Die grundlegenden journalistischen Fähigkeiten sind auch bei den neuen Medien hoch im Kurs. Anstatt jedoch einen Briefbogen mit Inhalten zu gestalten, gestalten die Mitarbeiter von Ebner nun digitale Medien.

Redaktion und Lektorat durch KI

Ich weiß nicht, ob Du regelmäßig Texte in englischer Sprache verfassen musst. Wenn Du jedoch einen professionellen Anspruch an Deine Texte hast, so kann ich Dir das Tool *Grammarly: Free Online Writing Assistant* nur wärmstens empfehlen. Bei Grammarly handelt es sich um ein KI-basiertes Tool, das Dir dabei hilft, Deine Englisch-Grammatik- und Rechtschreibung professionell zu verbessern, und zwar noch während Du den Text schreibst. Neben dieser Hauptfunktion gibt Dir das Tool jedoch auch wieder, wie der Text wirkt. Ob er beispielsweise freundlich, direkt, klar oder professionell rüberkommt. Darüber hinaus kommt das Tool weltweit täglich millionenfach zum Einsatz und optimiert sich, Dank der künstlichen Intelligenz, laufend weiter.

So weit so gut. Doch gehen wir noch einen Schritt weiter. Angenommen Du verfasst einen Text, der klar und freundlich daherkommt. Eigentlich hättest Du es jedoch lieber, wenn der Text zwar klar aber statt freundlich hochgradig offiziell rüberkommt, da es sich um eine wichtige Business Korrespondenz handelt, die einen offiziellen Ton erfordert.

Dummerweise verfügst Du jedoch nicht über den notwendigen Wortschatz, um den Text offiziell klingen zu lassen. Es gibt jedoch Menschen, die aufgrund ihrer Tätigkeit über den notwendigen Wortschatz verfügen und zudem offiziell formulieren können. Durch die Analyse der Texte dieser Menschen lernt das Tool offiziell zu formulieren. Zukünftig wird es also kein Problem sein, einen Text entsprechend dem Anlass automatisch umzuformulieren. Selbiges ist auch für die Werke, die im Selbstverlag veröffentlicht werden, denkbar.

Bereits jetzt prüft Kindle Direct Publishing die Werke auf potentielle Rechtschreibfehler, wobei die Trefferquote immer weiter verbessert wird. Und zukünftig wird auch die Übersetzung der Werke in eine andere Sprache kein Problem sein. Wodurch sich Bücher international in der Sprache des Ziellandes vermarkten lassen, ohne diese aufwendig und kostspielig übersetzen zu müssen.

Der erste KI betriebene Radiosender der Welt

Aktuell vergeht kaum ein Tag, an dem nicht eine neue Nachricht zu ChatGPT (Chatbot Generative Pre-trained Transformer) veröffentlicht wird. Dabei handelt es sich um einen KI-basierten Chatbot, der es wirklich in sich hat. Über eine Texteingabe können Benutzer mit dem Chatbot menschenähnlich kommunizieren. Man stellt ihm einfach eine Frage und dieser durchforstet dann seine Trainingsdaten, um die relevante Information zu finden und eine Antwort zu generieren. Dafür wurde ChatGPT mit

Millionen von Texten aus dem Internet, sozialen Medien, Online-Foren, Zeitungsartikeln und Büchern trainiert. Wobei ein Filter verhindern soll, dass die Aussagen falsch oder schädlich sind. Und auch, wenn das nicht immer klappt, so lernt der Chatbot doch laufend dazu.

Er kann beispielsweise komplizierte Sachverhalte einfach erklären, Literatur zusammenfassen, Gedichte und Nachrichten schreiben oder sogar ganze Bücher verfassen. So wurden auf Amazon bereits über 200 Bücher veröffentlicht, an denen der Chatbot mitwirkte. Doch die Technologie, auf der der Chatbot basiert, kann noch weit mehr als das.

Kürzlich äußerte sich auch Ökonomie-Nobelpreisträger Michael Spence zu dieser Technologie und seinen Bedenken darüber, wie sie die Kreativwirtschaft aufmischen könnte. Konkret geht es um Musik, Film, Text, Grafik und andere kreative Tätigkeiten, in denen der Mensch aktuell die Vorherrschaft hat. Doch diese Technologie hat das Potenzial dem Menschen seine Vorherrschaft streitig zu machen. Denn je günstiger und besser die Technologie wird, desto stärker verbreitet sie sich auch. Vorausgesetzt, sie löst ein echtes Problem für Kunden und ist bequem.

So wie ein Radiosender, der von einer künstlichen Intelligenz betrieben wird. Das dachte sich zumindest das Medienunternehmen Futuri aus Cleveland im US-Bundesstaat Ohio und entwickelte RadioGPT. Dabei handelt es sich um die weltweit erste KI-basierte Lösung für lokalisierte Radioinhalte. Der *„Radiobot“*, wenn man so will, durchsucht das Internet nach aktuellen Themen. Auf dieser Basis wird mit Hilfe der GPT-3-Technologie ein Skript für die Sendung erstellt und mit authentischen KI-Stimmen eingesprochen.

Vor diesem Hintergrund befragte die Jobbörse Resumebuilder jüngst 1.000 Geschäftsführer zum Einsatz von ChatGPT. Das Ergebnis: Bereits 49 Prozent setzen den Chatbot in ihrem Unternehmen ein. Weitere 30 Prozent planen den zukünftigen Einsatz. 99 Prozent der Unternehmen, in denen diese Technologie schon genutzt wird, sprechen von maßgeblichen Ersparnissen. 48 Prozent meinen dabei mehr als 50.000 US-Dollar eingespart zu haben, elf Prozent sogar mehr als 100.000 US-Dollar. Und die Performance des Chatbots beeindruckt 55 Prozent der Befragten. Die Rede ist von einem EXZELLENTEN Performance-Eindruck. E-X-Z-E-L-L-E-N-T-E-N. Da hilft es nur wenig, wenn der Chef von OpenAI, Sam Altman, davon spricht, dass die Fähigkeiten von ChatGPT völlig überbewertet werden.

Trotzdem ist es unwahrscheinlich, dass alle kreativen Köpfe ihren Job verlieren und sich neu orientieren müssen. Im Zuge der Corona-Pandemie haben zahlreiche Unternehmen das Internet für sich als Absatzweg entdeckt. Und dort geht es darum, sich geschickt in Szene zu setzen. Es muss alles zusammenpassen und ein einheitliches Bild ergeben. Eine Grafik hier und da mal erstellt, die nicht auf das Corporate Design des Unternehmens abgestimmt ist, geht gar nicht. Und hierfür braucht es Menschen.

Und auch Michael Spence gibt etwas zu bedenken, was vor diesem Hintergrund mitschwingt. Denn obwohl sich wieder mehr Menschen Sorgen über ihren Job machen, der durch die künstliche Intelligenz ersetzt werden könnte, sieht Michael diese Sorge nicht begründet. Denn aktuell gibt es einen Fachkräftemangel, der sich in den kommenden Jahren vor allem in den Industrienationen eher verschärften sollte, da die Babyboomer in den Ruhestand gehen.

Meiner Meinung nach fehlt künstlicher Intelligenz aber auch noch etwas Wesentliches, das uns menschlich macht: Die Fähigkeit, eine menschliche Erfahrung zu schaffen. Wir wollen verstanden werden. Wir wollen Geschichten hören. Geschichten, die uns emotional abholen. Geschichten, die verkaufen. Davon wie unsere Idee mit der Hilfe unseres Gegenübers Wirklichkeit werden kann.

ChatGPT macht in diese Richtung jedoch einen entscheidenden Vorstoß. Durch die Chatfunktion kommt die Technologie einem Austausch zwischen zwei Menschen näher. Und wenn die Antworten passen, dann fühlen wir uns auch noch verstanden. Was mich dazu führt, dass man sich auf jeden Fall mit der Technologie beschäftigen sollte. Sich beschäftigen und darauf vorbereiten sie zu nutzen.

Letztlich wird es jedoch nicht die Technologie sein, die bestimmte Jobs überflüssig macht, sondern die Menschen, die diese Technologie benutzen. Dies bemerkt auch Rob Thomas, Chief Commercial Officer bei IBM: *„KI ersetzt vielleicht keine Manager, aber die Manager, die KI verwenden, werden die Manager ersetzen, die dies nicht tun."*

Vor diesem Hintergrund kann nur unser Engagement, uns persönlich weiterzuentwickeln, unsere Zukunft sichern. So könnten beispielsweise Übersetzer ihr Wissen und ihre Erfahrung in die Entwicklung eben solcher Tools einbringen und dabei gleichzeitig neue Fähigkeiten in den Bereichen KI, Algorithmen und Programmierung erwerben. Was mich zum abschließenden Gedanken dieses Kapitels führt.

Die eigene Tätigkeit auf null setzen

Versteh mich bitte richtig. Ich bin ein großer Fan der Digitalisierung. Gleichzeitig müssen die betroffenen Personen, und letztlich sind wir alle betroffen, in die Lage versetzt werden mit den anstehenden Veränderungen umzugehen. Natürlich kann ich Dir hier keine Allzwecklösung anbieten, da der Fall von Person zu Person beziehungsweise von Unternehmen zu Unternehmen ein hoch individueller ist.

In diesem Zusammenhang bin ich jedoch der Meinung, dass die Personalverantwortlichen sowohl die Pflicht haben, ihre Mitarbeiter rechtzeitig auf die anstehenden Veränderungen hinzuweisen, als auch Möglichkeiten aufzuzeigen, diese aktiv mitgestalten zu können. Und dann muss sich natürlich auch jeder von uns selbst mit der eigenen Zukunft beschäftigen.

Am besten geht das, wenn man sich aktivierende Fragen stellt, was mich zu der Frage von weiter oben zurückführt: Was ergibt sich für mich persönlich, wenn der Wert meiner Tätigkeit auf null gesetzt wird? Nun, zunächst würde man arbeitslos werden. Und bevor Du jetzt in Panik verfällst und das Gedankenexperiment frühzeitig abbrichst: Diese Antwort kratzt gerade mal an der Oberfläche.

So richtig spannenden wird es erst, wenn Du Dir die folgenden Fragen stellst: Welche Fähigkeiten habe ich, die sich auf andere Bereiche übertragen lassen? Welche Ressourcen habe ich, die ich aktivieren könnte? In welchem Bereich existiert eine Ineffizienz, die ich lösen könnte? Ein Unternehmen kann sich übrigens dieselben Fragen stellen, wie das Beispiel des niedersächsischen Lattenrostherstellers Thomas GmbH + Co. Sitz- und Liegemöbel

KG zeigt. Und bevor Du jetzt sagst: *„Lattenroste, wie langweilig"*, solltest Du Dir die Lattoflex® Story auf YouTube geben. Das Unternehmen hat den Wert seiner Produkte mehrfach auf null gesetzt, um etwas Neues zu entwickeln.

Ein wichtiger Erfolgsfaktor war dabei die Einbindung der betroffenen Menschen: Mitarbeiter, Kunden, Lieferanten oder sogar Wettbewerber, wenn es sinnvoll ist. So wie es beispielsweise die Buchhändler Thalia und Hugendubel machten, um mit dem Tolino (E-Book-Reader) eine echte Alternative zu dem Amazon kindle auf den Markt zu bringen. Und das mit Erfolg. 2020 hatte die Tolino-Allianz einen Marktanteil von 44 Prozent (2019: 40 Prozent). Das ist ein saftiges Stück vom Kuchen.

Je mehr Köpfe beteiligt sind, desto vollständiger wird das Bild. Setze anschließend alles um, was vielversprechend erscheint. Und denke immer daran: Entweder machst Du Dir Gedanken über Deine Zukunft oder aber andere machen es für Dich. Letzteres könnte Dir gegebenenfalls nicht gefallen.

To Do:

Was würde es für Dich persönlich bedeuten, wenn der Wert Deiner Tätigkeit auf null gesetzt würde?

2.2

Der Sinn der Arbeit

Nicht die Arbeit gibt uns einen Sinn, sondern wir geben der Arbeit einen Sinn

Im Sommer 2022 konnten meine Frau und ich einer wunderschönen Trauung unter freiem Himmel beiwohnen. Das Pärchen, das sich trauen ließ, kennen wir bereits seit vielen Jahren. Für diesen Anlass versammelten sie all ihre Liebsten, mit denen sie diesen Moment teilen wollten. Die Trauung fand im Garten einer alten Mosterei unter zwei Apfelbäum statt. Die Sonne begrüßte uns mit ihren warmen Strahlen und die beiden Apfelbäume empfingen uns in ihrer Mitte.

Die Zeremonienleiterin nahm uns mit auf die Reise, auf der sich das Hochzeitspaar kennenlernte und wie es schlussendlich dazu kam, dass wir an diesem Tag alle unter den beiden Apfelbäumen versammelt waren. Und dann sagte sie einen Satz, der zu meinem Erfolgsgedanken des Tages wurde. Ein Satz, der das Hochzeitspaar in ihrem Tun auszeichnet. Sie sagte:

„Die beiden suchen nicht nach dem Sinn des Lebens, sie geben ihrem Leben einen Sinn."

Doch das gilt nicht nur für unser Leben, sondern auch für unsere Arbeit. Wenn das Unternehmen, in dem Du arbeitest, oder die Tätigkeit, die Du ausführst, nicht mehr auf Deinen Sinn einzahlt, dann wird es Zeit für etwas Neues. Die Geschichte des Geschäftsmannes Herman Cain ist hierfür ein motivierendes Beispiel. In seinem Buch *This Is Herman Cain!: My Journey to the White House* beschreibt er, wie es ihm gelang seinem Leben einen Sinn zu geben.

Als Sohn einer armen Arbeiterfamilie, musste er schon in der Schulzeit jobben. Später erwarb er einen Abschluss in Mathematik und heuerte bei Coca-Cola an, dem Unternehmen, bei dem auch sein Vater als Fahrer arbeitete. Und obwohl er schnell zum Manager aufsteigen konnte, fürchtete er, dass seine Karriere hier zu Ende sei, weil ihn jeder nur als den Sohn eines Fahrers sehen würde.

Also entschied er sich seinem damaligen Chef zu folgen und beim Lebensmittelhersteller Pillsbury in Minnesota anzuheuern. Auch hier legte er eine steile Karriere hin. Unter anderem war er für den Bau der neuen Konzernzentrale, die aus zwei 40-stöckigen Wolkenkratzern bestand, verantwortlich und konnte den Bau früher und billiger als geplant abschließen. Was ihm verhalf bereits mit 36 Jahren und damit vier Jahre früher als von ihm veranschlagt zum Vizepräsidenten des Unternehmens aufzusteigen. Doch hier war seine Karriere in diesem Unternehmen zu Ende. Es gab keine Aussicht darauf der Präsident des Unternehmens zu werden. Der Sinn, den er sich selbst gegeben hatte, sollte ihm verwehrt bleiben. Er schreibt:

„Ich war damals 36 Jahre alt, und obwohl ich dankbar dafür war, dass ich so schnell so viel erreicht hatte, wusste ich damals, dass ich mehr wollte. Ich begann mir vorzustellen, wie aufregend es wäre, wenn ich wirklich ein Unternehmen führen könnte…! Nach mehreren erfolgreichen Jahren als Vizepräsident von Pillsbury wusste ich, ich wollte noch höher hinaus. Ich wollte Präsident eines Unternehmens sein, egal, welches und wo."

Es sollte sich eine Gelegenheit ergeben, die ihm genau das bieten sollte. Es gab jedoch einen Haken. Er hätte wieder ganz von vorn anfangen müssen, und zwar ganz von vorn. Sein Chef bei Pillsbury bot ihm an bei Burger King anzufangen, einem Unternehmen des Konzerns, und zwar als Burgerbrater. Denn die Philosophie bei Burger King war, dass man das Geschäft von der Pike lernen musste, ohne Abkürzungen. Also wechselte er zu Burger Kind und ließ alles, was er sich bei Pillsbury hart erarbeitet hatte, darunter auch ein Büro mit herrlicher Aussicht im 36. Stockwerk, hinter sich. Er berichtet:

„Mein Wechsel zu Burger King würde bedeuten, dass ich meinen sauer verdienten und sehr begehrten Titel Vizepräsident verlieren würde, dass ich zunächst erheblich weniger Gehalt bekäme und auf Aktienoptionen verzichten müsste. Ich müsste in einer mir völlig neuen Branche ganz von vorn anfangen und, falls ich erfolgreich wäre, womöglich zu meinem Nachteil in einen anderen Teil des Landes umziehen."

Vizepräsident, Büro mit herrlicher Aussicht im 36. Stockwerk, üppiges Gehalt, Aktienoptionen, was ist mit Dir los, Herman? Du hast Dir ein tolles Leben in kürzester Zeit aufgebaut, könnte man denken. Doch das war ihm egal. Und, was noch viel wichtiger war, er war konsequent. Für ihn war es nur logisch zu wechseln, denn nur so konnte er seinen Sinn erfahren. Also nahm er alle Nachteile in Kauf und wechselte zu Burger King, besuchte die Burger King University, wo ihn alle nur *„der Alte"* nannten, grillte Whoppers, lernte zu kassieren, stieg zum stellvertretenden Manager eines Lokals auf, wurde dann zum Assistant Manager und Manager befördert, dann zum Regionalleiter und anschließend zum Vizepräsidenten.

Wieder Vizepräsident? Jetzt wirst Du sicherlich wissen wollen, ob der Wechsel zu Burger King seinen Traum, seinen Sinn, den er sich gegeben hat, Präsident eines Unternehmens zu sein, erfüllt hat? Ja, jedoch nicht bei Burger King. Vier Jahre nach seinem Wechsel zu Burger King bot man ihm an, ein von Pillsbury in der Zwischenzeit übernommenes jedoch erfolgloses Unternehmen zu leiten, Godfather's Pizza. Und natürlich sagte er zu.

To Do:

Was für ein Weg, mit zahlreichen Windungen, Herausforderungen und Momenten des Verzichts. Doch es hat sich für Herman gelohnt, den Weg zu gehen und seinem Sinn zu folgen. Nicht die Arbeit liefert uns einen Sinn, sondern wir geben der Arbeit einen Sinn. Was ist Dein Sinn?

2.3

Auf die Fähigkeiten kommt es an

Wenn wir uns Dinge zutrauen, bekommen Möglichkeiten für uns eine Bedeutung

Vor ein paar Monaten berichtete mir mein Bekannter, nennen wir ihn Günter, der in der in-house Logistik eines Krankenhauses tätig ist, dass das Management des Krankenhauses fahrerlose Transportfahrzeuge einführen möchte. Diese fahrerlosen Transportfahrzeuge, die im Fachjargon auch AGVs (Automated Guided Vehicle) genannt werden, sollen dann einen Großteil der in-house Logistik übernehmen.

Nach dem Vorbild von Amazon sollen die Fahrzeuge dann selbstständig die Mahlzeiten der Patienten, schmutzige sowie saubere Wäsche als auch die Patienten selbst zu dem jeweiligen Bestimmungsort transportieren. Gleichzeitig plant das Management die Abteilung, in der auch Günter tätig ist, samt Mitarbeiter an einen externen Dienstleister auszugliedern.

Ich sah Günter die Betroffenheit sofort an. Er war alles andere als begeistern bezüglich der Überlegungen des Managements. Er reagierte verschlossen, was wahrscheinlich auch für viele seiner Kollegen galt. Was ich voll und ganz nachvollziehen kann und was nur natürlich ist, wenn man das Gefühl hat, persönlich angegriffen zu werden. Er berichtete, dass der externe Dienstleister deutlich weniger Gehalt zahlen würde und die Arbeitsbedingungen wären auch schlechter. Kurz um: Er machte sich Gedanken um seinen Job, die Existenzgrundlage für ihn und seine Familie.

Ich dachte über die Ausführungen von Günter nach und sofort kam mir ein Beispiel in den Sinn, das ich in meinen Keynotes zum Thema *„Digitale Arbeitswelt"* verwende. 1840 waren in den USA circa 68 Prozent aller Beschäftigten in der Landwirtschaft tätig. Irgendwann wurde dann die Melkmaschine erfunden. Dann kamen der Traktor und all die anderen Maschinen dazu. Gleichzeitig entwickelten sich die Beschäftigtenzahlen in der Landwirtschaft immer weiter zurück. 2019 waren dann nur noch circa drei Prozent der Beschäftigten in der Landwirtschaft tätig. Für Deutschland sehen die Zahlen übrigens ähnlich aus.

Kaum einem ist das heute noch bewusst. Und ich glaube, dass sich auch kaum ein Mensch auf der Welt findet, der den harten Bedingungen, unter denen die Landwirte früher gearbeitet haben, nachtrauert. Und was sagten die Landwirte damals. Nun, sie reagierten wahrscheinlich ähnlich bestürzt wie mein Bekannter: *„Oh mein Gott! Jetzt ist die Melkmaschine da. Was soll jetzt bloß aus David werden?“*

David steht hier stellvertretend für all die jungen Männer von damals, die sich im Zuge der Industrialisierung der Landwirtschaft etwas Neues überlegen mussten. Und was hat sich David überlegt? Er dachte sich: *„Ich bin nicht mein Beruf. Wenn es in der Landwirtschaft keinen Job mehr für mich gibt, dann ziehe ich los und suche mir irgendwo anders einen neuen Job, der meinen Fähigkeiten entspricht.“*

Was ich damit sagen möchte, ist, dass wir Menschen uns zu sehr über unseren Beruf identifizieren. Was auch nicht weiter verwunderlich ist. Unser Job gibt uns das Gefühl gebraucht zu sein. Er gibt uns das Gefühl bedeutend zu sein. Wenn uns unser Job jedoch plötzlich weggenommen wird, dann reagieren wir verständlicherweise verschlossen, verärgert und auch aggressiv. Ängste und Sorgen gehen uns durch den Kopf. Wir fragen uns, ob wir diesen Job auch noch irgendwo anders bekommen werden oder ob er zukünftig gänzlich wegfällt und damit auch wir.

Ich kann das nachvollziehen, ich war selbst ein ganzes Jahr lang arbeitslos. Nein, das Wort *„arbeitslos“* entspricht nicht meiner optimistischen Art. Ich war *„arbeitssuchend“*, bis ich dann feststellte, dass es mehr als genug Arbeit für mich gibt. Ich musste bloß diejenige auswählen, die zu mir und meinen Fähigkeiten passt.

Dabei machte ich die Erkenntnis, dass die starke Identifizierung mit unserem einst erlernten Beruf, uns im 21. Jahrhundert angreifbar und unflexibel macht, beispielsweise im Zusammenhang mit der Digitalisierung. In Angststarre oder Panik zu verfallen, weil man persönlich betroffen ist, war jedoch noch nie eine gute Strategie, um eine Herausforderung zu meistern. Stattdessen sollten wir uns mit unseren Fähigkeiten identifizieren und aus ihnen das notwendige Selbstvertrauen für die Zukunft schöpfen. Unsere Fähigkeiten machen uns flexibel und unabhängig von einem bestimmten Beruf, da sie sich auf andere Berufe übertragen lassen.

Greifen wir das Beispiel meines Bekannten Günter nochmal auf. Er ist ein Experte für in-house Logistik von Krankenhäusern. Er kennt die Prozesse, weiß wo die Engpässe sind, kennt die Herausforderungen des Systems. Allein sein Wissen und seine Erfahrung sind Gold wert für jeden, der die in-house Logistik eines Krankenhauses nachhaltig digitalisieren will. Gepaart mit seinem handwerklichen Geschick, der Fähigkeit komplexe Systeme zu organisieren und die Dinge kritisch zu hinterfragen, könnte er sich an dem geplanten Vorhaben des Managements aktiv beteiligen und eine Schlüsselrolle im Transformations-prozess annehmen. Oder er könnte bei dem Unternehmen anheuern, das die fahrerlosen Transportsysteme herstellt und installiert. Wenn wir uns Dinge zutrauen, bekommen Möglichkeiten für uns eine Bedeutung.

Was wäre die Alternative für meinen Bekannten? Er könnte schauen, ob er bei dem externen Dienstleister doch irgendwie zurechtkommt, ob es finanziell passt und so. Sollte sein Job jedoch tatsächlich gänzlich wegfallen, dann könnte er sich in der Abteilung für in-house Logistik eines anderen Krankenhauses bewerben. Ein Krankenhaus, das bei der Digitalisierung noch nicht so weit ist.

Doch damit würde er das Unvermeidliche nur hinauszögern, was nicht zu den vielversprechendsten Überlebens-Strategien gehört. Irgendwann würde auch dieses Krankenhaus so weit sein und ein fahrerloses Transportsystem einführen. Und er würde vor derselben Herausforderung erneut stehen, so wie vor dem Wechsel.

Also, was kann jeder von uns tun, um den Wandel der Arbeitswelt für sich zu nutzen? Wir sollten damit beginnen uns mit unseren Fähigkeiten zu identifizieren und nicht mit unserem aktuellen Beruf. Die Digitalisierung erwartet von uns Flexibilität und Offenheit für Neues. Versteifung auf einen einst erlernten Beruf wird uns nicht weiterbringen.

Vor ein paar Tagen hatten wir wieder Besuch von Günter. Er berichtete mir, dass das fahrerlose Transportsystem doch nicht eingeführt wird. Aktuell noch zu teuer für das Krankenhaus, so die Aussage des Managements. Und auch die Ausgliederung des Personals ist wohl nicht so einfach wie gedacht. Noch einmal Glück gehabt also. Aber, wie heißt es doch gleich: Aufgeschoben ist nicht aufgehoben. Entweder wir planen unsere Zukunft oder jemand anderes tut das für uns. Letzteres könnte uns gegebenenfalls nicht gefallen.

To Do (A):

Für alle Beschäftigten, die den Wandel gestalten wollen, gilt:

1. Führe Buch über die Dinge, die Dir besonders gut gelungen sind.
2. Leite anschließend die darauf basierenden Fähigkeiten ab.
3. Welche neuen Tätigkeitsfelder gibt es, die von Deinen Fähigkeiten profitieren könnten?
4. Entwickle Dich aktiv in die neue Richtung weiter.

To Do (B):

Für alle Arbeitgeber, die ihre Beschäftigten dabei unterstützen wollen, gilt:

1. Führe Buch über die Dinge, die Deinen Beschäftigten besonders gut gelungen sind.
2. Leite zusammen mit Deinen Beschäftigten die darauf basierenden Fähigkeiten ab.
3. Welche neuen Tätigkeitsfelder ergeben sich in Deinem Unternehmen, die von den Fähigkeiten Deiner Mitarbeiter profitieren könnten?

2.4

Aktiver Stillstand ist Wahnsinn

Eine Vision dient uns als Kompass

Kennst Du das Gefühl, unglaublich aktiv zu sein und trotzdem irgendwie nichts zu bewegen? Ich hatte dieses Gefühl zuletzt kurz nach meinem Studium. Und zwar rutschte ich direkt nach meinem Studium in die Arbeitslosigkeit, und das für ein ganzes Jahr. Ich schrieb damals 50 Bewerbungen und bekam auf jede eine Absage. Selbst auf die wenigen, bei denen ich zum Bewerbungsgespräch eingeladen wurde. Ich war also unglaublich aktiv und dennoch stellte sich kein Ergebnis, kein Erfolg ein.

Die Situation frustrierte mich sehr. Zudem stellte sich mit jeder weiteren Absage ein Gefühl der Wertlosigkeit bei mir ein. Ich versank in Selbstmitleid und Selbstzweifel. Wir hatten es damals allein meiner Frau zu verdanken, dass wir finanziell über dic Runden kamen.

Anstatt einen Schritt zurückzumachen und meine Bewerbungsaktivitäten zu reflektieren, verfiel ich in einen noch größeren Aktivismus und bewarb mich auf noch mehr Stellen. Stellen, von denen ich wusste, dass ich sie gar nicht antreten möchte. Doch das war mir egal, denn ich war ja aktiv.

An dieser Stelle fällt mir ein Zitat des berühmten Physikers Albert Einstein ein: *„Die Definition von Wahnsinn ist, immer wieder das gleiche zu tun und andere Ergebnisse zu erwarten."* Genau so war es bei mir. Heute bin ich davon überzeugt, dass ich bei den wenigen Bewerbungsgesprächen, die ich damals hatte, mit jeder Faser meines Körpers ausgestrahlt habe, dass ich im Grunde die Stelle gar nicht antreten möchte. Was von meinem jeweiligen Gegenüber nicht unbemerkt blieb.

Ich wollte einfach aus der Arbeitslosigkeit raus und irrte ohne Orientierung herum. Mir war es egal, was für eine

Stelle es ist und ob ich mit meiner Qualifikation sowie meinen Talenten und Neigungen dazu passe oder nicht. Ich war eben einfach nur aktiv.

Bei meinen Vorträgen benutze ich hierfür gerne das Bild eines Mannes, der in die Pedale eines Fahrradtrainers tritt und so versucht auf der Straße voranzukommen. Was natürlich nicht funktioniert, da der Fahrradtrainer keine Räder, sondern Beine hat. In meinem Fall waren die 50 Bewerbungen von Anfang an zum Scheitern verurteilt und eine große Zeitverschwendung.

Solch ein Gefühl kann sich jedoch auch einstellen, wenn man in einem Beschäftigungsverhältnis ist. Man ist unglaublich aktiv, steckt tief im Tagesgeschäft drin und hat trotzdem das Gefühl, dass es nicht voran geht. Also wird man noch aktiver und wünscht sich noch mehr Zeit, da man die Dinge sonst nicht abgearbeitet kriegt, geschweige denn Zeit für Innovationen hat.

So wundert man sich vielleicht, warum es mit der Digitalisierung im eigenen Unternehmen nicht vorangeht. Das Problem ist jedoch nicht die zur Verfügung stehende Zeit, denn davon haben wir alle gleich viel, bezogen auf einen Tag. In der Regel fehlt uns etwas anderes, ganz entscheidendes.

Ich liebe Filme und gehe für mein Leben gern ins Kino. Die Atmosphäre eines großen Kinosaals mit seinen bequemen Sesseln und dem riesigen Popcorneimer in meinen Händen ist für mich nicht zu schlagen, wenn man einen Kinofilm schauen möchte.

Einer meiner Lieblingsfilme ist *Fluch der Karibik* mit Johnny Depp in der Rolle des Captain Jack Sparrow. Ich mag die Figur des Captain Sparrow sehr, weil es den Anschein hat, als hätte er keinen Plan, dabei gleichzeitig unglaublich aktiv ist und jede Situation scheinbar spontan meistert. In Wahrheit hat Jack jedoch ein Geheimnis, das ihm bei der Navigation durch seine Abenteuer hilft: der Kompass.

Die Besonderheit dieses Kompasses besteht nämlich darin, dass er einem die exakte Richtung anzeigt, in der sich das Begehrte befindet. Was Jack dann nur noch machen muss, ist einen Schritt nach dem anderen in die besagte Richtung zu setzen.

Entscheidend ist also nicht so sehr die Zeit, die wir zur Verfügung haben, sondern die Richtung, in die wir uns bewegen. Das gilt sowohl für einzelne Beschäftigte als auch für ein Unternehmen als Ganzes. Wir wissen, dass man heute alles Mögliche digitalisieren kann, doch wenn man ohne klare Richtung, Vision für sich selbst oder das Unternehmen, an die Transformation herangeht, dann endet es in der Regel im aktiven Stillstand. Man macht mal hier was und da was. Hat kurzfristig ein gutes Gefühl, aber letztlich ist man einfach nur unglaublich aktiv, ohne was richtig zu bewegen.

Wenn die Vision klar ist, fallen Entscheidungen leicht und die notwendigen Schritte ergeben sich fast von selbst. Du musst jedoch wissen, was Du willst. Ganz so wie bei Captain Jack Sparrow.

To Do:

Es gibt unterschiedliche Möglichkeiten eine Vision zu erarbeiten. Die einzelnen Herangehensweisen würden den Rahmen dieses Kapitels jedoch sprängen. An dieser

Stelle daher nur so viel: Zahlen Deine Aktivitäten auf eine klare Vision ein oder machst Du mal hier was und mal da was? Das ist der Anfang.

2.5

Der Schlüssel zur Digitalisierung

Führungskraft zu sein ist kein Privileg, sondern ein Dienst

Du dienst Deinen Mitarbeitern und bist der Schlüssel zu ihrem Erfolg

Nach wie vor stellt die Digitalisierung zahlreiche Unternehmen vor Herausforderungen. Bei einer 2022 durchgeführten Studie des Unternehmerverbandes Niedersachsen e.V. (UVN) kam heraus, dass es rund zwei Drittel der befragten Unternehmen gänzlich oder teilweise an einem Verständnis um den Mehrwert von Digitalisierung mangelt. Auf der anderen Seite zeigen uns zahlreiche andere Unternehmen, insbesondere angeführt aus dem Silicon Valley, dass die Digitalisierung ganz entscheidende Mehrwerte liefern kann.

Die digitale Transformation hat zwei Bestandteile: das Technologische und das Menschliche. Der zweite Teil ist weit wichtiger und komplexer als der erste. Und Deine Aufgabe als Führungskraft, ist es der Schlüssel zum Erfolg im Leben Deiner Mitarbeiter zu sein, damit diese dann die Mehrwerte der Digitalisierung erkennen und im Unternehmen umsetzen können. Wie könnte das gehen? Lass mich Dir hierzu eine Geschichte erzählen.

Eine Gemeinde hat einen alten Orgelspieler und beschließt, dass er zu alt ist. Also ruft sie einen jungen, neuen Orgelspieler von ganz weit her, damit dieser zukünftig die Orgel spielt.

An dem Tag, an dem der Neue ankommt, spielt der Alte sein letztes Stück auf der Orgel. Er spürt, dass es sein letztes ist, und Tränen fließen ihm über die Wangen. Als er fertig ist, macht er die Orgel zu und schließt sie ab. Und als er gerade aus der Kirche gehen will, sagt der Neue zu ihm: *„Warten Sie. Sie haben vergessen mir den Schlüssel zu der Orgel zu geben."* Der Alte schaut ihn an – Emotionen eines ganzen Lebens kommen in seinem Gesicht auf – gibt ihm schließlich den Schlüssel und verlässt die Kirche.

Der neue Orgelspieler schließt die Orgel auf und spielt, wie es noch keiner zuvor gehört hat. Einige Tage später gibt er ein Konzert. Inmitten der Zuhörer sitzt auch der Alte und weint wieder. Diesmal aus Freude, weil er ihm, dem Neuen, den Schlüssel zu der Orgel, zu seinem Erfolg, gegeben hat. Der neue Orgelspieler war nämlich Johann Sebastian Bach.

Diese Geschichte lässt sich auf unterschiedliche Art und Weise interpretieren. Ich möchte das Augenmerk darauflegen, dass der Alte der Schlüssel im Leben des damals noch jungen Johann war. Und obwohl er sicherlich noch gerne weiter als Orgelspieler tätig gewesen wäre, erfuhr er schlussendlich, dass es Zeit war, für etwas Neues.

Ich finde, dass man aus dieser übrigens wahren Geschichte, vier Schlüssel ziehen kann:

1. Die Welt entwickelt sich ständig weiter. Heute sogar noch schneller als jemals zuvor. Unsere Aufgabe, ist es uns an dieser Entwicklung zu beteiligen. Ansonsten bleiben wir irgendwann auf der Strecke, als Person und auch als Unternehmen.
2. Der Mehrwert einer neuen Sache lässt sich am besten vermitteln, wenn die Betroffenen sie selbst erfahren können.
3. Führungskraft zu sein ist kein Privileg, sondern ein Dienst. Du dienst Deinen Mitarbeitern und bist der Schlüssel zu ihrem Erfolg. Und je erfolgreicher Deine Mitarbeiter sind, desto erfolgreich bist auch Du als Führungskraft. Es ist also Deine Aufgabe das notwendige Umfeld zu schaffen, damit Deine Mitarbeiter den Mehrwert des Neuen erfahren können.

4. Ich bin davon überzeugt, dass ein Unternehmen die Summe seiner Mitarbeiter darstellt. Wenn diese den Mehrwert des Neuen greifen können, dann profitiert davon das ganze Unternehmen.

To Do:

Schaffe Raum für Neues, zeitlich, physisch und geistig. Du erinnerst Dich: Future Friday, Fellowship Programm, Events, Exkursionen, Coworking Spaces, Beteiligung an Innovationen et cetera.

2.6

Digital Mindset

Wer sitzt im Bus und wo sitzt er genau?

„Zeit für den digitalen Aufbruch", damit titelt die Umfrage zur Digitalisierung (2022) der Deutschen Industrie- und Handelskammern. Ziel der regelmäßig durchgeführten Umfrage ist es, herauszufinden, wie sich die befragten Unternehmen (4.286) in Sachen Digitalisierung selbst einschätzen und was sie daran hindert die Digitalisierung voranzutreiben.

Neben den altbekannten Herausforderungen, wie Defizite in der Infrastruktur (29 Prozent), regulatorische Anforderungen (17 Prozent), mangelnde zeitliche (36 Prozent) und finanzielle (34 Prozent) Ressourcen und dem Fachkräftemangel (24 Prozent), stach mir eine Aussage ganz besonders ins Auge. Mit großem Abstand von 66 Prozent sehen die Unternehmen das digitale Mindset ihrer Mitarbeiter als große Herausforderung.

Diese Aussage stimmt mich positiv für die Zukunft der deutschen Unternehmen und für Deutschland als Ganzes. Die Unternehmen haben ihre größte Aufgabe nämlich erkannt. Gleichzeitig gehen damit jedoch einige Fragezeichen einher. Wir wissen heute, dass man so ziemlich alles digitalisieren kann. Software für eine Anwendung zu schreiben ist das eine, doch wie kriegt man einen Menschen dazu, dass er sich der Digitalisierung öffnet und sein digitales Mindset entwickelt?

Glücklicherweise können wir auf jahrzehntelange Forschungsarbeiten zurückgreifen, um diese Frage zu beantworten. Wenn man sich etwas mit der Neurowissenschaft beschäftigt, erhält man sogar den Eindruck, dass der Mensch einem Computer gar nicht so unähnlich ist. Ähnlich wie ein Computer hat auch der Mensch ein Betriebssystem, das ihn dazu veranlasst bestimmte Dinge zu tun oder zu lassen. Der eine setzt beispielsweise beim

Vermögensaufbau erfolgreich auf Immobilien wohingegen ein anderer mit Immobilien nur Negatives verbindet wie Mietnomaden oder Schimmel in der Wohnung.

Dieses Betriebssystem (Denk-, Gefühls- und Verhaltensmuster) bekommt der Menschen im Laufe seines Lebens, insbesondere jedoch im Kindes- und Jugendalter, sozusagen draufgespielt. Wenn man jemanden für etwas Neues öffnen möchte, muss man also an dieses Betriebssystem ran und es umprogrammieren. Die große Frage lautet jedoch, wie? Denn einfach ein paar Zeilen Code schreiben, wie man es in der Softwareentwicklung macht, funktioniert bei Menschen nicht.

Bodo Schäfer, der die Angewohnheit hat, alles sehr bildhaft zu erklären, brachte mir die Quintessenz dieses Themas mit einem Tisch als Bild nah. Warum ein Mensch handelt, wie er handelt, lässt sich gut anhand eines Tisches erklären. Die Tischplatte stellt die Meinung in Bezug auf eine bestimmte Sache oder eine Person dar. Diese Meinung bekommt der Mensch irgendwann aus seinem Umfeld mit. Das können ihm nahestehende Personen sein oder auch Medien, die er konsumiert und denen er vertraut.

Nachdem ihm die Meinung präsentiert wurde, werden ihm dazu passende Referenzerlebnisse gezeigt, die die Meinung unterstützen. Diese Referenzerlebnisse stellen die Tischbeine dar. Und je mehr Beine ein Tisch hat, desto stabiler steht er auch. Übertragen bedeutet das, je mehr Referenzen ich einer Person liefere, vielleicht sogar durch Erfahrungen, die sie selbst macht, desto stärker festigt sich eine bestimmte Meinung bei dieser Person.

Greifen wir das Beispiel mit den Immobilien nochmal auf. Als meine Frau und ich 2018 unsere erste Immobilie kauften, da reagierten die meisten aus unserem engeren Umfeld erstaunlich negativ. Habt ihr keine Angst vor Mietnomaden? Die Preise sind doch so hoch, rechnet sich das überhaupt? Mit Immobilien hat man nur Ärger und man muss sich ständig darum kümmern. Immobilien sind viel zu riskant.

Solche und ähnliche Aussagen bekamen wir zu hören. Interessanterweise von Menschen, die selbst keine Immobilien besitzen. Wieso sie trotzdem von ihrer Meinung überzeugt waren? Weil sie ihnen von jemanden präsentiert und mit entsprechenden Referenzen versehen wurde.

Nehmen wir das Beispiel Mietnomaden. Die Vereinigung Haus und Grund schätzt, dass in Deutschland etwa 100.000 Mietnomaden leben. Deutschland hat circa 84 Millionen Einwohner (2022). Der Anteil der Mietnomaden an der Gesamtbevölkerung beträgt also 0,12 Prozent. Mit anderen Worten, er ist verschwindend gering. Darüber hinaus würden Mietnomaden bei jeder sorgfältig durchgeführten Mieterselbstauskunft herausgesiebt werden. Und trotzdem wird das Thema in den Medien regelmäßig aufgekocht.

Was können Unternehmen also tun, um ihre Mitarbeiter für die Digitalisierung zu begeistern und das notwendige digitale Mindset zu entwickeln? In einem ersten Schritt muss man herausfinden, wie die jeweilige Person zu dem Thema steht. Anschließend gilt es herauszuarbeiten, warum sie so denkt und handelt, wie sie es tut. Mit diesem Vorgehen bekommt man sowohl die Tischplatte identifiziert als auch die Tischbeine.

Ein weiteres schönes Bild für ein mögliches Vorgehen liefert uns CEO und Bestseller Autor Jim Collins. Er erzählt seinen Mitarbeitern bei jedem Change Prozess, dass das Unternehmen wie ein Bus ist, der sich aus dem Busdepot zu einem bestimmten Ziel aufmacht. Die Frage ist nun, wer sitzt im Bus und wo sitzt derjenige.

Wer klebt regelrecht an der Windschutzscheibe und kann es kaum erwarten, dass der Bus endlich losfährt? Das sind die Leute, die man braucht, um die Sache anzuschieben.

Wer sitzt in der Mitte und ist noch unentschlossen, was die Reise bringen wird? Das ist meist der Großteil der Mitarbeiter, den es zu gewinnen gilt, um eine kritische Masse zu haben.

Und wer sitzt ganz hinten im Bus? Bekanntermaßen sind das die Coolen im Bus, die auf jeden und alles pfeifen. Entweder man gewinnt sie ebenfalls für das Vorhaben oder aber man sorgt dafür, dass sie es nicht manipulieren.

Nachdem man herausgefunden hat, wo die Menschen im Bus sitzen und welche Meinung sie zum Thema haben, gilt es ihnen eine neue Meinung zu präsentieren und diese mit Referenzerlebnissen zu festigen. Am stärksten und nachhaltigsten wirken die Referenzerlebnisse, die die Menschen am eigenen Leib erfahren.

Aber auch aktivierende Fragen eignen sich dazu, Menschen für etwas Neue zu öffnen. In seinem Buch *Der Weg zur finanziellen Freiheit* stellt Bodo Schäfer eine Methode vor, mit deren Hilfe ich beispielsweise meine destruktiven Glaubensätze in Bezug auf Geld durch neue, produktive Glaubenssätze ersetzen konnte. Diese Methode ist jedoch so universell, dass sie sich auch auf andere Bereiche übertragen lässt. Sie besteht aus den folgenden fünf Fragen:

1. Warum ist dieser Glaube unter Umständen abwegig?
2. Hatte die Person, die ihn mir beigebracht hat, auf dem Gebiet Erfolg?
3. Was wird es mich letztendlich finanziell und emotional kosten, wenn ich diesen Glaubenssatz nicht aufgebe?
4. Was wird es meine Familie und die, die ich liebe, kosten?
5. Wie wird mein Leben verbessert, wenn ich diesen Glauben jetzt verändere? Wie fühle ich mich dadurch?

Dieses von Erfolg gekrönte Vorgehen beobachte ich auch immer wieder bei Menschen und Unternehmen, die ich bei der digitalen Transformation begleiten darf.

Bekommt man damit alle sofort überzeugt? Nein. Aber wenn man sich reinhängt, dann gewinnt man so die meisten für die anstehende Transformation. Und diejenigen, die gar nicht wollen? Nun, man kann nicht alle retten und in einigen Fällen muss man sich auch von den betroffenen Personen trennen.

Und natürlich muss man noch einiges an Gehirnschmalz reinstecken, um das hier beschriebene Vorgehen auf das eigene Unternehmen zu übertragen. Aber das Prinzip Tischplatte und Beine ist universell und funktioniert bei jedem Thema.

To Do:

Wann immer Du damit Schwierigkeiten hast, jemanden für eine Sache zu gewinnen, finde heraus welche Überzeugungen dahinterstehen. Anschließend kannst Du sie mit der hier vorgestellten Methode transformieren.

2.7

Deutschland: Die Werkbank der Digitalkonzerne

Digitalisierung = Fehlende Rentabilität

Digitalisierung = Überproportionales Ergebnis

Der Forschungsbeirat der Plattform Industrie 4.0 veröffentlichte 2022 die Auswertung *Blinde Flecken in der Umsetzung von Industrie 4.0 – identifizieren und verstehen* zum Fortschritt der Digitalisierung in den deutschen Industriebtrieben. Der Fokus der Auswertung lag auf den blinden Flecken, also warum zahlreiche Unternehmen die Digitalisierung nicht umsetzen. Neben den klassischen internen Umsetzungsproblemen wie fehlende Kompetenzen, fehlende Digitalkultur und kein Geld war ich überrascht zu lesen, dass 67 Prozent der Unternehmen sich bewusst gegen die Digitalisierung entschieden haben. Als Hauptgrund für diese weitreichende Entscheidung wird die fehlende Rentabilität (45 Prozent) angeführt.

Natürlich stellen diese Zahlen ein Destillat der Realität und der Gründe dar, warum sich die deutschen Industrieunternehmen gegen die Digitalisierung entscheiden. Dennoch finde ich es sträflich solch eine Entscheidung zu treffen, selbst wenn man Marktführer in einer Nische ist. Denn auch diese sogenannten Hidden Champions, täten gut daran, sich mit der Digitalisierung zu beschäftigen, wenn sie nicht als Werkbank der Digitalkonzerne enden wollen.

Ich persönlich habe den Eindruck, dass nach wie vor zahlreiche Unternehmen das Spiel des 21. Jahrhunderts versuchen, mit den Spielregeln des 20. Jahrhunderts zu spielen und zu gewinnen. Spielen kann man es zwar so, aber gewinnen wird man es nicht. Was meine ich damit? Das Geschäftsmodell der deutschen Industrie ist von einer hohen Kapitalbindung und niedrigen Margen geprägt. Das ist ein Geschäftsmodell des 20. Jahrhunderts. Genauer gesagt das Geschäftsmodell der industriellen Revolution. Das Geschäftsmodell des 21. Jahrhunderts ist hingegen von niedriger Kapitalbindung und hohen Margen geprägt. Das ist das Geschäftsmodell der digitalen Transformation. Letzteres wird möglich, weil die Unternehmen drei Dinge miteinander kombinieren: Software, Hardware und Plattform.

Apple beispielsweise hat ein Betriebssystem (Software) für Smartphones entwickelt. Die selbst designten Smartphones (Hardware) lässt das Unternehmen günstig in Asien fertigen. Anstatt jedoch tausende Entwickler fest einzustellen, um all die Apps für die Endnutzer selbst zu entwickeln, hat das Unternehmen eine Plattform entwickelt, mit deren Hilfe externe Entwickler aus der ganzen Welt Apps entwickeln können, an deren Erlösen Apple über die iOS-Plattform mitverdient.

Diese Kombination aus Software, Hardware und Plattform wird von allen führenden Digitalunternehmen genutzt, um neue Märkte zu erschließen beziehungsweise bestehende anzugreifen. Doch auch in Deutschland existieren Unternehmen, die die Spielregeln des 21. Jahrhunderts verstanden haben und diese erfolgreich anwenden. Zwei deutsche Paradebeispiele sind der Stahlhändler Klöckner und die Fernbusplattform FlixBus.

Nach seiner Rückkehr aus dem Silicon Valley 2014 stieß der damalige CEO Gisbert Rühl die Transformation des Stahlhändlers Klöckner an. Das Unternehmen entwickelt heute eine eigene Software, mit deren Hilfe der Stahlhandel digitalisiert wird. Zuvor war es in der Branche üblich, dass die Bestellungen per Telefon und Fax bei den Händlern eingingen. Zusätzlich baut Klöckner die eigenen Lager ab, um die Kapitalbindung zu reduzieren, denn das zukünftige Geschäftsmodell des Unternehmens sieht es vor, dass Klöckner als Vermittler zwischen Kunden und

Stahlproduzenten auftritt. Dabei soll so wenig eigene Lagerhaltung betrieben werden, wie es geht.

Darüber hinaus hat Klöckner die XOM-Materials-Plattform ins Leben gerufen, mit deren Hilfe das Unternehmen den eigenen Kundenstamm für andere Händler öffnet. So muss das Unternehmen nicht jede Art von Stahl selbst vorhalten. Im Gegenzug verdient Klöckner an jeder Transaktion, die über die Plattform abgewickelt wird. Durch dieses Vorgehen setzte Klöckner 2021 bereits 46 Prozent seines Umsatzes rein digital um und erwirtschaftete die Hälfte seines Börsenwerts als Reingewinn. Der zeitweise überdurchschnittlich hohe Stahlpreis in dieser Periode trug natürlich auch zu dem herausragenden Ergebnis bei. Die Digitalisierung verhalf Klöckner jedoch überproportional von dem erhöhten Stahlpreis zu profitieren.

Die FlixBus Story sieht ähnlich aus. Mit der Liberalisierung des deutschen Fernbuslinienverkehrs ergriffen die Gründer von FlixBus die Chance ihres Lebens. Sie entwickelten eine Software, mit der man Bustickets einfach und bequem buchen kann. Doch anstatt eine eigene Fernbusflotte aufzubauen, wie es der damalige Monopolist, die Deutsche Bahn, tat, verpflichtet FlixBus externe Fernbusunternehmen für seine Plattform.

Je mehr Kunden ihre Tickets über FlixBus buchen, desto attraktiver wird die Plattform für die Fernbusunternehmen, da dadurch die Auslastung ihrer Flotten steigt. Und je mehr Verbindungen durch neue Fernbusunternehmen dazukommen, desto mehr Kunden zieht die Plattform an. Ein sich selbst verstärkender Netzwerkeffekt setzt ein. Mittlerweile hat FlixBus die Fernbuslegende Greyhound aus den USA übernommen und greift die Deutsche Bahn auf der Schiene an, diesmal mit eigenen Zügen.

Es gibt keinen Grund sich gegen die Digitalisierung zu entscheiden. Die deutsche Industrie ist der Garant unseres heutigen Wohlstands. Der zukünftige Wohlstand ist jedoch davon abhängig, wie gut unsere Industrie die Spielregeln des 21. Jahrhunderts beherrscht. Das gilt übrigens auch für die Verwaltung. Ein moderner Staat braucht eine moderne digitale Infrastruktur. Vor diesem Hintergrund kann sich die Verwaltung noch einiges von den Plattformunternehmen aus dem Silicon Valley abschauen.

To Do:

Das Geschäftsmodell des 21. Jahrhunderts besticht durch die Kombination von Software, Hardware und Plattform. Was bedeutet das für Dein Unternehmen? Welche Chancen siehst Du in dieser Kombination für Dein Unternehmen?

2.8

Die neuen Regeln des 21. Jahrhunderts

Vielfach verdienen

Einkommensproduzierende Aktivitäten

Zeitgemäße Vorbilder suchen

Fehler sind gut

Konstant lernen und wachsen

Den eigenen Job neu erfinden

Stärken ausbauen

Vor gut 180 Jahren waren in den USA circa 68 Prozent der Beschäftigten in der Landwirtschaft tätig. Viele von diesen Menschen waren selbstständig und ernährten sich davon, was sie anbauten. Im 20. Jahrhundert wurde die Landwirtschaft als dominierender Sektor von der Industrie verdrängt. Maschinen, wie Traktoren oder Melkautomaten, führten zu einer enormen Produktivitäts- und Effizienzsteigerung in der Landwirtschaft, infolge derer weniger Arbeitskräfte benötigt wurden.

Doch das war kein Problem, denn die neu erschaffenen Industriezweige boten den Menschen ausreichend neue Arbeit. Und so zog es die Arbeiter aus den ländlichen Gebieten in die Städte und die dort ansässigen Fabriken. Sie fanden neue Arbeitsplätze vor, die oftmals mehrere Generationen überdauerten. Die Gewerkschaften sorgten für sichere Arbeitsbedingungen, geregelte Arbeitszeiten und regelmäßige Gehaltssteigerungen.

Doch heute, im 21. Jahrhundert, haben sich die Gegebenheiten grundlegend verändert. Wir erleben erneut einen Umbruch in der Arbeitswelt, ähnlich dem zu Beginn des Industriezahlalters. Doch diesmal haben sich die Regeln geändert, was die meisten von uns jedoch noch nicht so richtig für wahrhaben wollen.

Wir leben im Informationszeitalter und die Arbeitswelt beginnt sich immer schneller zu drehen. Arbeitskraft ist heute nicht mehr die entscheidende Ressource, wenn Maschinen ohne Pause und Ermüdungserscheinungen 24/7 produzieren können. Informationen (Ideen) sind der neue Schmierstoff, der die Wirtschaft antreibt. Und doch versuchen die meisten von uns, das neue Spiel nach den alten Regeln zu spielen.

Die gute Nachricht lautet jedoch, dass es zu dem neuen Spiel auch neue Regeln gibt, die ich Dir in diesem Kapitel vorstellen möchte. Ich selbst habe sie von Bodo Schäfer. Nachfolgend findest Du eine Auswahl dieser Regeln, die sich aus meiner Sicht besonders gut mit der Digitalisierung kombinieren lassen, sowie meine Gedanken und Ideen dazu. Schauen wir sie uns jetzt also an, die neuen Regeln des 21. Jahrhunderts.

Vielfach verdienen

Wie oft verdienst Du an Deiner Arbeit? Die meisten von uns werden für die geleistete Arbeit immer nur einmal bezahlt. Eine Stunde gearbeitet und für eine Stunde Gehalt kassiert. Eine Immobilie verkauft und dafür eine einmalige Provision erhalten. Ein Auto repariert und dafür einmalig eine Rechnung gestellt. Was wäre jedoch, wenn man an einer Tätigkeit nicht nur einmal, sondern vielfach verdienen könnte? Und zwar immer und immer wieder, solange man lebt. Solch ein Einkommen, in entsprechender Höhe, würde vieles einfacher oder sogar unnötig machen. Nachfolgend ein paar Möglichkeiten, wie man im 21. Jahrhundert vielfach verdienen kann:

- Ein Buch schreiben
- Eine App entwickeln
- Eine Mailingliste aufbauen
- Sich an einem Startup beteiligen
- In Aktien investieren
- Immobilien erwerben und vermieten
- Ein Patent lizenzieren

Diese Liste stellt keinen Anspruch auf Vollständigkeit dar. Mir geht es darum Dich etwas ins Nachdenken zu bringen. Und meine aktivierende Frage lautet: Wie könntest Du in dem Bereich, in dem Du tätig bist, vielfach an einer einmal gemachten Arbeit verdienen? Oder wenn das nicht möglich ist, dann lautet die Frage: Welche Bereiche könntest Du für Dich erschließen, in denen Du vielfach verdienen kannst?

Ich persönlich bin ein großer Freund von Immobilien und Aktien. Im Vergleich zu einer herkömmlichen Beschäftigung, bei der man einen Stundenlohn bezieht beziehungsweise nur einmal bezahlt wird, stellen Immobilien und Aktien Optionen dar. Optionen auf ein lebenslanges Einkommen beziehungsweise auf einen überproportionalen Gewinn bei der Veräußerung. Für eine einmal getätigte Arbeit wird man vielfach beziehungsweise überproportional bezahlt. Hier begegnet uns der Gedanke von Scott Adams von weiter oben wieder. Zur Erinnerung: Scott empfiehlt Optionen aufzubauen, die langfristig unweigerlich zum Erfolg führen, weil sie Aktivposten darstellen.

Ein weiters persönliches Beispiel von mir ist das Schreiben. Meine Blogbeiträge und Bücher, die ich über das Internet veröffentliche und vertreibe, stellen ebenfalls Optionen dar. Dank Plattformen wie LinkedIn und Kindle Direct Publishing kann ich meine Gedanken weltweit mit anderen Menschen teilen. Einmal geschriebene und veröffentlichte Beiträge und Bücher lassen sich über das Internet immer wieder finden und verweisen so immer wieder auf meine Person.

Einkommens- und produktproduzierende Aktivitäten

Du willst wertvoll und unentbehrlich für Dein Unternehmen werden? Kein Problem, dann konzentrier Dich auf die einkommens- und produktproduzierenden Aktivitäten in Deinem Unternehmen. In jedem Unternehmen gibt es einige wenige Aktivitäten, die direkten Einfluss auf die Umsatz- und Gewinnentwicklung des Unternehmens haben. Und genau auf diese Aktivitäten solltest Du Dich konzentrieren, wenn Du unentbehrlich werden und gleichzeitig mehr verdienen willst. Der Hintergrund ist, dass ein Unternehmen Umsatz und Gewinn erzielen muss, wenn es am Markt bestehen will. Das ist jedem Unternehmenslenker klar und deshalb stehen insbesondere die Mitarbeiter hoch im Kurs, die möglichst viel zu der Umsatz- und Gewinnentwicklung des Unternehmens beitragen.

Wenn Du beispielsweise als Verkäufer tätig bist, dann hängt die Höhe Deines Wertes von der Anzahl der getätigten Verkäufe ab. Je mehr Du verkaufst, desto wertvoller bist Du für das Unternehmen. Wenn Du Leiter einer Marketing- und Verkaufsabteilung bist, dann hängt die Höhe Deines Wertes von der Qualität Deines Teams ab. Je mehr Produkte Dein Team an den Mann bringt, desto größer ist der Wert, den Du und Dein Team für das Unternehmen darstellen. Wenn Du in der Ansiedlung von Unternehmen tätig bist, dann hängt Dein Wert von der Anzahl der von Dir angesiedelten Unternehmen ab.

Warum schreibe ich das? Es ist doch klar, was zu tun ist: so viel Zeit wie möglich mit einkommens- und produktproduzierenden Aktivitäten verbringen. Doch das ist leichter gesagt als getan. Statt unsere Arbeitszeit mit den entscheidenden Dingen zu verbringen, verschwenden wir immer mehr Zeit für verwaltende Aktivitäten. Laut der

Managementberatung Factor P verbringen Mitarbeiter mehr als 40 Prozent ihrer Arbeitszeit mit nicht-wertschöpfenden Aktivitäten. Zu diesem Ergebnis kamen die Berater von Factor P nach einer Analyse von 300 Arbeitsprozessen bei 110 mittelständischen Produktionsunternehmen.

Wir stopfen unseren Arbeitsalltag mit verwaltenden Aktivitäten voll, wodurch den wenigen Aktivitäten, die tatsächlich über unseren Wert entscheiden, weniger Zeit zukommt. Und Du weißt ja, was ich vom Verwalten halte.

Womit verbringst Du so Deinen Arbeitstag und was davon sind wirklich einkommens- und produktproduzierende Aktivitäten? Kleiner Tipp: Im Kern lassen sich einkommens- und produktproduzierende Aktivitäten mit den folgenden drei Tätigkeiten erschlagen: Produktentwicklung, Marketing und Verkauf. Und mit Hilfe der Digitalisierung lassen sich diese Tätigkeiten beinah unbegrenzt skalieren. Heute lassen sich mittels des Internets Millionen von Kunden erreichen. Und das Ganze zu Grenzkosten von null.

Zeitgemäße Vorbilder suchen

Einer meiner Vorbilder lebte im 20. Jahrhundert und war für das Stahlimperium von Andrew Carnegie verantwortlich. Im Alter von 38 Jahren verdiente er als einer der ersten Männer in der US-Industrie ein Jahresgehalt von über einer Million US-Dollar. Damals gab es noch keine Einkommensteuer und ein Gehalt von 50 US-Dollar die Woche galt als sehr gut. Die Rede ist von Charles M. Schwab, dem Stahl-Titan von Pittsburgh.

Charles baute die Kapazitäten der ihm anvertrauten Stahlwerke systematisch aus und investierte in Innovationen in der Stahlproduktion. Damals war die Stahlbranche ein aufstrebender Industriezweig und die ganze Welt schrie nach diesem vielseitigen Material. Im weiteren Verlauf seiner Karriere als rechte Hand von Andrew Carnegie, fädelte Charles den Deal zwischen seinem Boss und dem Finanzier John Pierpont Morgan, besser bekannt als J. P. Morgan, ein, aus dem das damals wertvollste Unternehmen der Welt hervorging, die United States Steel Corporation, zu deren Präsident Charles selbst ernannt wurde.

Wenn man sich die Stahlbranche heute anschaut, dann stellt man fest, dass die Jahre mit überdurchschnittlichen Wachstumsraten vorbei sind. Darüber hinaus ist die Stahlbranche geprägt von hohen Kapitalkosten und niedrigen Margen, eben all dem, was ein Geschäftsmodell des 20. Jahrhunderts auszeichnet. Heute lässt sich mit Stahl nur noch schwer Geld verdienen. Und wenn man sich die Bilanzen der Stahlproduzenten anschaut, dann finden sich dort zahlreiche schlechte Jahre.

Dazu kommt, dass Investoren heute auf schnell skalierbare Geschäftsmodelle mit geringer Kapitalbindungsdauer stehen. Einer, der das erkannt hat und über den ich in diesem Buch bereits geschrieben habe, ist Gisbert Rühl, der ehemalige CEO des Stahlhändlers Klöckner aus Duisburg. Mit der XOM-Materials-Plattform hat das Unternehmen unter der Führung von Gisbert eine B2B-Handelsplattform für Stahl geschaffen.

Selbst das Silicon Valley betrachtet Klöckner als ein Paradebeispiel für die Digitalisierung eines B2B-Geschäftsmodelles. Und auch die renommierte Harvard Business School veröffentlichte im Februar 2022 eine positive

Case-Study über Klöckner. Anstatt den Stahl auf Lager zu halten, wie es bislang üblich war, organisiert Klöckner zukünftig die Abwicklung des Stahls und verdient an jeder gemachten Transaktion. So wie es beispielsweise Amazon bei den Dritthändlern macht, die über die Amazon-Plattform verkaufen. Bei Klöckner geht es darum, das Amazon des Stahlhandels zu werden.

Was ich mit diesem Beispiel sagen möchte, ist, suche Dir zeitgemäße Vorbilder. Kapazitätsausbau und große Stahlwerke führten im 20. Jahrhundert zum Erfolg, weil die Welt nach diesem vielseitig einsetzbaren Material regelrecht schrie. Heute halten sich Angebot und Nachfrage mehr oder weniger die Waage. Das heißt jedoch nicht, dass man in der Stahlbranche kein Geld mehr verdienen kann. Dank des Internets sind heute auch in der Stahlbranche völlig neue Geschäftsmodelle möglich. Geschäftsmodelle, die mit niedrigen Anfangsinvestitionen und Fixkosten sowie einer hohen Skalierbarkeit einhergehen.

Orientiere Dich an Leuten, die das verstanden haben und Dir zeigen können, wie das Geschäftsmodell des 21. Jahrhunderts funktioniert.

Ich habe mir beispielsweise Charles als Vorbild ausgesucht, nicht weil er dermaßen viel verdient hat, sondern aufgrund seines wertschätzenden Umgangs mit den Mitarbeitern und einer Fähigkeit, die uns beide eint: *„Ich betrachte meine Fähigkeit, die Menschen zu begeistern, als meinen größten Vorteil.“* Diese Fähigkeit ist auch mein größter Vorteil.

Fehler sind gut

In der Schule wurden die meisten von uns auf ein bestimmtes Verhalten hin sozialisiert, und zwar: Fehler sind schlecht. Wann immer wir einen Fehler in einer Klausur gemacht haben, wurde dieser Fehler mit Rot markiert und es gab einen Punkt Abzug. Nach ein paar Prüfungen wussten wir, wie das Spiel läuft: Fehler sind schlecht und wir sollten möglichst wenige machen. Im Laufe der Schulzeit wurde aus diesem Gedanken ein Glaubenssatz, der uns im Erwachsenenalter noch immer beeinflusst. Ob wir es wollen oder nicht, bei jeder für uns neuen Aufgabe beschleicht uns das ungute Gefühl, einen Fehler machen zu können. Was schlussendlich dazu führt, dass wir uns lieber mit dem Tagesgeschäft beschäftigen, anstatt uns etwas Neues zu erschließen.

Wer jedoch aus Angst vor Fehlern 100 Prozent seiner Arbeitszeit ausschließlich dem Tagesgeschäft widmet, der ist gar nicht in der Lage die Möglichkeiten des 21. Jahrhunderts für sich zu erschließen.

Kleine Kinder machen unglaublich viele Fehler. Gleichzeitig ist ihre Entwicklungskurve dadurch sehr steil. Mache es zukünftig wie die Kleinen. Spiele, um zu gewinnen. Mache dabei Fehler. Sie gehören zum Spiel dazu. Und wenn Du das Spiel beherrschst, dann wird es Zeit für ein neues Spiel.

Konstant lernen und wachsen

„Eine Investition in Wissen bringt immer noch die beste Rendite.“ Dieser Satz wird Benjamin Franklin, einem der Gründungsväter der Vereinigten Staaten von Amerika,

zugesprochen. Benjamin lebte im 18. Jahrhundert. Gut 230 Jahre später ist die Aussage nach wie vor hochaktuell und wird es auch immer bleiben. Und doch haben viele von uns einen bitteren Beigeschmack im Mund, wenn es ums Lernen geht. Das wir in der Schule dazu erzogen wurden möglichst keine Fehler zu machen, hängt sicherlich damit zusammen. Die Wahrheit ist jedoch, dass Du Deine aktuelle Situation unter anderem dem zu verdanken hast, was Du in der Vergangenheit gelernt hast. Du bist mit Deiner aktuellen Situation nicht zufrieden? Dann ist es vielleicht an der Zeit, etwas Neues zu lernen. Etwas Zukunftsweisendes, was Dir die Möglichkeiten des 21. Jahrhunderts eröffnet.

Den eigenen Job neu erfinden

Im Zuge der COVID-19-Krise reagierten viele Unternehmen mit flexiblen Arbeitszeitmodellen und nutzten die Möglichkeiten, die ihnen der Staat einräumte, um die eigene Situation zu stabilisieren. In vielen Fällen blieb es jedoch nicht allein bei der Flexibilisierung der Arbeitszeit. Es gingen auch zahlreiche Meldungen zum Thema *„Stellenabbau"* durch die Medien. Da ich das auch im eigenen Umfeld erlebt habe, kann ich es gut nachvollziehen, wie es ist eine Beschäftigung zu verlieren.

Gleichzeitig hat uns die COVID-19-Krise gezeigt, dass wir uns auf unserem aktuellen Posten nicht zu lange ausruhen sollten. Eine Möglichkeit, um dem Stellenabbau zuvorzukommen, besteht darin, den eigenen Job neu zu erfinden. Man kann bereits jetzt damit anfangen, Platz für Neues zu schaffen, um dann irgendwann das Alte vollständig durch das Neue zu ersetzen.

Die nachfolgenden Fragen können Dir dabei helfen etwas Neues zu entdecken, das zu Dir passt: Welche Stärken habe ich? Welche Ressourcen habe ich? Und vor diesem Hintergrund: Wo (Branchen, Tätigkeitsfelder) könnte ich damit neue Werte schaffen? Was sollte ich mir neu aneignen, um zukünftig zu bestehen? Ich persönlich habe gute Erfahrungen damit gemacht, mich mit Vertrauten zu diesen Fragen auszutauschen.

Das man sich von Zeit zu Zeit neu erfinden sollte, ist auch einer der Hauptgedanken dieses Buches. Und die Menschen, die ich in diesem Buch porträtiere, unterstreichen, diesen Gedanken. Es gibt keinen Job mit Zukunft. Einzig unser Engagement, uns persönlich weiterzuentwickeln, kann uns die Sicherheit geben, dass wir zukünftig bestehen werden.

Stärken ausbauen

Ein weiteres Erbe, das viele von uns nach wie vor mitsichtragen, ist der Glaubenssatz, dass wir an unseren Schwächen arbeiten müssen, um besser zu werden. Der Hintergrund ist, dass Schwächen uns viel schneller ins Auge fallen, wohingegen wir unsere Stärken als selbstverständlich hinnehmen und oftmals übersehen. Ein Betätigungsbereich, der diese destruktive Sozialisierung des Schulsystems längst hinter sich gelassen hat, ist der Profisport. Im Profisport findet man lauter Beispiele dafür, dass unsere Stärken uns weit aus weiterbringen, als der Ausgleich von Schwächen es jemals könnte.

Betrachtet man beispielsweise eine Fußballmannschaft, dann stellt man fest, dass jeder Spieler auf der für ihn optimalen Position spielt. Eine Position, auf der er seine

Stärken bestmöglich entfalten kann. Natürlich entscheiden die Vorgesetzten über den Einsatz ihrer Mitarbeiter. Doch diese sollten ebenfalls aktiv werden, um ihre Stärken optimal und bestmöglich für das Unternehmen einzusetzen. Der Profisport zeigt uns, dass Menschen trotz ihrer zahlreichen Schwächen Außergewöhnliches leisten können, wenn sie sich auf ihre Stärken konzentrieren. Und dabei auch noch außergewöhnlich gut verdienen. Heute geht es darum unsere Stärken mit den Möglichkeiten des 21. Jahrhunderts zu kombinieren. Wem das gelingt, dessen Zukunft sieht rosig aus. Davon bin ich überzeugt.

Zugegeben, so neu sind die Regeln gar nicht. Sie galten vor 200 Jahren, sie gelten heute und sie werden auch in der Zukunft gelten. Ab und an brauchen wir jedoch jemanden, der uns an sie erinnert. Und richtig angewandt können sie vieles leichter oder sogar überflüssig machen. Mit diesem Kapitel habe ich Dich an diese Regeln erinnert. Mach was draus und berichte mir anschließend gerne darüber.

Die neuen Regeln für Unternehmen

Was für Mitarbeiter gilt, das gilt auch für Unternehmen. Deshalb nachfolgend die neuen Regeln in Kürze für Unternehmen.

Vielfach verdienen ist das Geschäftsmodell von Softwaregiganten wie Autodesk, Adobe oder Microsoft. Aber auch von Unternehmen der Old Economy, die sich die neuen Regeln zu Nutze machen, wie

- Hewlett Packard: Drucker verkaufen und an den Tintenpatronen immer wieder verdienen

- Gillette: Rasierer verkaufen und an den Rasierklingen immer wieder verdienen
- Braun: elektrische Zahnbürsten verkaufen und an den Bürsten immer wieder verdienen
- Nespresso: Kaffeemaschinen verkaufen und an den Kaffeepads immer wieder verdienen

Nicht einmal, sondern vielfach verdienen ist das Geschäftsmodell von … Deines auch?

Produktentwicklung, Marketing und Verkauf sind die drei Tätigkeiten, die die Umsatz- und Gewinnentwicklung unmittelbar beeinflussen. Räume diesen Tätigkeiten zukünftig mehr Raum ein – finanziell und personell. Delegiere, konzentriere oder automatisiere alles andere, was nicht auf diese drei Tätigkeiten einzahlt.

Gründe eine **Innovationsabteilung, die als reine Kosteneinheit agiert**. Der Zweck dieser Abteilung ist es nicht für Gewinne zu sorgen, sondern so viele Dinge auszuprobieren, wie es geht. Der Output sollte so hoch wie möglich sein. Irgendwann wird schon etwas dabei sein, was den gewünschten Durchbruch liefert.

Räume Deinen Beschäftigten die Möglichkeit ein, 20 Prozent ihrer Arbeitszeit für die Erschließung neuer Inhalte zu nutzen. Egal ob es sich dabei um Mitarbeiter aus der Produktion oder der Forschung und Entwicklung handelt.

Das Stammgeschäft kann in der aktuellen Form **nicht bis in alle Ewigkeit fortgeführt werden**. Früher oder später muss es weiterentwickelt oder gar vollständig durch neue Geschäftsbereiche und/oder -modelle abgelöst werden.

Besser Du kümmerst Dich darum, als dass es der Wettbewerb tut.

Welche **Stärken/Kompetenzen** hat Dein Unternehmen und in welchen neuen Bereichen könnten diese eingesetzt werden? Eines der besten Beispiele, die ich kenne, stellt das Unternehmen CTS Eventim dar. Das Unternehmen übertrug seine bestehende Kompetenz aus der Ticketabwicklung auf die Abwicklung von Mautgebühren. Und auch wenn es schlussendlich aus rechtlichen und politischen Gründen nicht dazu kam, dass CTS Eventim das Mautgeschäft auf deutschen Straßen abwickelt, ist es ein eindrucksvolles Beispiel dafür, dass man an der Grenze seines bestehenden Tätigkeitsfelds nicht halt machen sollte.

To Do (A):

Vielfach verdienen: Nimm Dir vor, pro Jahr mindestens ein System zu installieren, mit dessen Hilfe Du vielfach verdienen kannst. Meiner Meinung nach ist der einfachste Weg, um dies zu tun, die systematische Transformation von Einkommen in Vermögenswerte, beispielsweise Immobilien, Aktien oder ETFs.

To Do (B):

Einkommens- und produktproduzierende Aktivitäten: Das sind die Aktivitäten, die Dich so richtig nach vorne bringen. Nicht nur finanziell, sondern auch Deine persönliche Entwicklung. Denn wenn man seine einkommensproduzierenden Aktivitäten identifiziert hat, gilt es, zu allem anderen Nein zu sagen. Hierzu sind jedoch nur die wenigsten bereit. Allen anderen fehlt es an Selbstvertrauen und Konsequenz.

To Do (C):

Zeitgemäße Vorbilder suchen: Wir Menschen lernen am besten, indem wir andere Menschen nachahmen. So lernen wir laufen, sprechen, schreiben und rechnen, und so ist es auch mit allem anderen.

Suche Dir Vorbilder, die bereits das erreicht haben, was Dir auch vorschwebt und kopiere diese Vorbilder. So hat es beispielsweise Gisbert Rühl gemacht, als er 2014 zurück aus dem Silicon Valley kam und seine Vision für Klöckner verkündete. Und anschließend kopierte Klöckner das Geschäftsmodell der Tech-Giganten, das auf der Kombination von Software, Hardware und Plattform basiert.

To Do (D):

Fehler sind gut: Wenn Du in Deinem Job schon lange keine Fehler mehr gemacht hast, dann hast Du nichts wirklich Neues für Dich erschlossen. Das ist hart, aber es ist die Wahrheit. Fehler sind ein Geschenk. Und als solche solltest Du sie auch sehen.

To Do (E):

Konstant lernen und wachsen: Lerne nicht einfach so drauf los. Systematisiere stattdessen Deinen Lernprozess anhand der Dinge, die Dich interessieren. Wenn Du beispielsweise an Deinen einkommens- und produktproduzierenden Aktivitäten arbeiten möchtest, dann solltest Du zuerst in Erfahrung bringen, welche das sind. Und anschließend die passende Lektüre auswählen, die Dich bei diesen Aktivitäten unterstützt.

To Do (F):

Den eigenen Job neu erfinden: Nichts ist von Dauer. Oder um es mit den Worten von George W. Crane, Psychologe, zu sagen: *„Es gibt keinen Arbeitsplatz mit Zukunft. Die Zukunft bietet nur der Mensch, nicht der Job."* Und Kevin Turner, ehemaliger CEO von Microsoft, ergänzt: *„Die einzige Sicherheit, die wir im Arbeitsleben haben, ist unser Engagement, uns persönlich weiterzuentwickeln."*

Hast Du schon mal mit dem Gedanken gespielt, Dir ein völlig neues Tätigkeitsfeld zu erschließen?

Oder Dich so im Unternehmen zu positionieren, dass Du unentbehrlich wirst? Gibt es etwas, was außer Dir sonst keiner in Deinem Unternehmen kann? Und gibt es zu diesem etwas das passende Problem, das Du lösen könntest?

To Do (G):

Stärken ausbauen: Bei Bewerbungsgesprächen fallen häufig die folgenden zwei Sätze: Was sind Ihre Stärken? Was sind Ihre Schwächen? Ich sage: Vergiss Deine Schwächen und konzentriere Dich auf Deine Stärken. Bau das aus, was Dich besonders macht. Und alles andere lässt sich delegieren oder man schneidet es einfach ab. Also, was sind Deine Stärken?

2.9

Gedanken lesen

Was kann Digitalisierung für Dich tun?

Stell Dir vor, Du hast eine 16-jährige Tochter, die regelmäßig von dem Drogeriemarkt Deines Vertrauens Werbemails mit Produkten wie Säuglingsnahrung, Windeln, Babykleidung und Pflegeprodukten für die Kleinen bekommt. Als Du eine dieser Mails, heimlich und natürlich unabsichtlich, zu Gesicht bekommst, bist Du wahrscheinlich etwas verwirrt. Du bist Dir nämlich ganz sicher, dass Deine Tochter keinerlei Kontakt zum männlichen Geschlecht pflegt. Wie kann es also sein, dass der Drogeriemarkt Deiner Tochter solche Mails zuschickt?

Kurzerhand entscheidest Du Dich die Person, die dafür verantwortlich ist, zur Rede zu stellen. Gleich am nächsten Tag stürmst Du die Filiale des besagten Drogeriemarkts und machst die Filialleitung so richtig schön rund. Du machst dem Verantwortlichen vor den Augen der anderen Kunden eine richtig schöne Szene, denn schließlich geht es hier um die Ehre Deiner Tochter. Anschließend fährst Du nach Hause und berichtest stolz Deiner Tochter, wie Du ihre Ehre verteidigt hast. Doch dann passiert etwas, womit Du nicht gerechnet hast. Deine Tochter beichtet Dir, dass sie durchaus mit dem männlichen Geschlecht verkehrt und dabei auch schwanger geworden ist.

Wahrscheinlich würdest Du in solch einem Moment aus allen Wolken fallen. Du würdest Dich fragen, wie das passieren konnte und wie es jetzt weiter geht. Dann würde Dir die Filialleitung einfallen, die Du vor versammelter Mannschaft rundgemacht hast und das, wie sich herausgestellt hat, völlig zu Unrecht. Und noch etwas würde Dich beschäftigen. Wieso wusste der Drogeriemarkt was in Deinen vier Wänden abgeht, während Du völlig im Dunkeln tapptest?

Alles an den Haaren herbeigezogen? Keineswegs. Dieses Szenario basiert auf wahren Begebenheiten und ereignete sich in den USA in einer Filiale des Einzelhändlers Target. Ein besorgter Vater bekam rein zufällig eine Werbemail des Einzelhändlers zu Gesicht, die an seine Tochter adressiert war und den Rest kennst Du ja bereits. Diese Story ging bereits vor vielen Jahren durch die Medien und wurde unter anderem von dem Organisations-Psychologen Adam Grant in seinem Buch *Nonkonformisten: Warum Originalität die Welt bewegt* aufgegriffen.

Adam wählte den Einzelhändler Target jedoch nicht wegen der Story für sein Buch aus, sondern weil das Unternehmen als einer der ersten Einzelhändler in den USA zwei Technologien miteinander kombinierte, die es dem Unternehmen ermöglichten, einen bis dato noch nie dagewesenen Einblick in die Haushalte seiner Kunden zu gewinnen. Laut der Recherche von Adam waren die Verantwortlichen bei Target damals selbst überrascht, wie gut das System funktionierte und natürlich nach wie vor funktioniert.

Möglich wird das hier Beschriebene durch die Kombination von Big Data und Deep Learning. Dabei handelt es sich um Teildisziplinen der künstlichen Intelligenz, mit deren Hilfe große Mengen von Daten gesammelt und anschließend mit Algorithmen analysiert werden. Das Besondere daran ist, dass die Algorithmen selbstständig lernen und ihre Schlüsse ziehen, was wir als Kunden mit einer hohen Wahrscheinlichkeit als nächstes benötigen.

Ein Beispiel: Wenn Du bisher noch nie Hundefutter gekauft hast und jetzt plötzlich damit anfängst, dann erkennt das ein KI-basierter Algorithmus und wird Dir anschließend entsprechende Produktempfehlungen zukommen lassen. Es reicht nämlich bereits, wenn Du das Hundefutter ein- oder zweimal kaufst. Woher der Algorithmus das weiß? Nun, er hat Zugang zu Unmengen von Kundendaten, die ihm das verraten. Du bist nämlich nicht die erste Person, die ihr Einkaufsverhalten derartig geändert hat. Die Wahrscheinlichkeit ist also sehr groß, dass Du Dir einen Hund angeschafft hast. Oder Du Nachwuchs erwartest, wie es im oberen Beispiel der Fall war.

Und wenn Du jetzt denkst, dass Dir so etwas nicht passieren kann, dann muss ich Dich leider enttäuschen. Die Chancen stehen sogar ziemlich gut dafür, dass Dir das auch passiert oder bereits passiert ist. Das Interessante ist nämlich, dass wir als Kunden unsere Daten freiwillig weitergeben. Möglich machen das beispielsweise Bonusprogramme wie PAYBACK oder DeutschlandCard.

Wie beschrieben, liegt die Target Story bereits einige Jahre zurück. In der Zwischenzeit haben die Bonussysteme auch den deutschen Markt erobert. PAYBACK belohnt seine Kunden bereits seit über 15 Jahren als größtes deutsches Bonusprogramm. Laut des Bonusprogramm Monitors 2019 nehmen die deutschen Verbraucher im Durchschnitt an 4,6 Bonus- oder Vorteilsprogrammen teil. 53 Prozent der Teilnehmer sind weiblich und 47 Prozent männlich.

Aber auch Anbieter von E-Commerce-Software wie Shopify bieten ihren Nutzern zahlreiche Werkzeuge, um das Kundenverhalten im eigenen Online-Shop zu analysieren und anschließend personalisiertes Marketing betreiben zu können. Wenn das Shopsystem auf dem Stand der Technik ist, dann wird jeder einzelne digitale und nicht digitale Einkaufskorb ausgewertet, um die Kunden mit weiteren individuellen Produktangeboten zu versorgen.

Neben diesen Lösungen unterstützen auch die sozialen Netzwerke den Einzelhandel bei der Ausspielung von personalisiertem Marketing. Das Besondere ist, dass die Menschen in den sozialen Netzwerken auch ganz ohne Bonusprogramme ihre persönlichen Lebensumstände teilen, beispielsweise den Nachwuchs im Haushalt. Das Bonusprogramm entfällt, weil die sozialen Netzwerke per se soziale Bonusprogramme sind. Die dort gesammelten Informationen werden wiederum an Werbetreibende verkauft, die darauf bauen, dass ihre Werbung auf den Bildschirmen der dazu passenden Personen ausgespielt wird.

Wenn Du beispielsweise Babykleidung vertreiben möchtest, kannst Du in den sozialen Netzwerken Personen ansprechen, die gerade Nachwuchs erwarten oder bereits bekommen haben. Der Vorteil: Du bezahlst nur Anzeigen, die auch ankommen, da die sozialen Netzwerke, anders als traditionelle Medien, ein Cost-per-Click-Geschäftsmodell betreiben. Dabei entstehen Dir nur Kosten, wenn die potenziellen Kunden Deine Anzeige anklicken, um sich über Dein Produkt zu informieren.

Der Einzelhandel ist jedoch nur ein Bereich von vielen, in denen KI-basierte Algorithmen bereits Einzug gehalten haben. So nutzen beispielsweise Triebwerkshersteller die besagten Technologien, um eine vorausschauende Wartung der Triebwerke zu betreiben. Zahlreiche Sensoren nehmen dabei laufend Informationen über das Triebwerk auf, beispielsweise Vibrationsgeräusche. Diese werden dann mit bereits aufgenommenen Vibrationsgeräuschen verglichen, um festzustellen, ob noch alles in Ordnung ist oder ob das Triebwerk nicht mehr rund läuft. Und wenn das der Fall ist, was genau nicht mehr rund läuft. Ein anderer Anwendungsbereich ist beispielsweise die Logistik, in der künstliche Intelligenz benutzt wird, um die

Warenströme effizienter zu gestalten. Und es gibt noch vieles mehr. Doch das ist hier nicht der Punkt. Worauf es mir ankommt, ist das nächste To Do.

To Do:

Was kann die Digitalisierung für Dich und Dein Unternehmen tun? Wie wäre es mit Gedankenlesen? Oder…

2.10

Die Digitalisierung ist ein Fluch

Internet und Social Media machen süchtig

Elefanten sind sensible Geschöpfe

Die Hans Böckler Stiftung hat 2018 die Studie *Digitaler Stress in Deutschland* durchgeführt, an der 2.640 Erwerbstätige teilgenommen haben. Das Ziel der Studie war es, herauszufinden, wie stark die deutschen Beschäftigten am digitalen Stress leiden und welche Faktoren den digitalen Stress begünstigen.

Die Studie führte zehn Kernergebnisse zu Tage, die vier Jahre später nach wie vor relevant sind, was, wie ich finde, wenig überraschend ist. Die vollständigen Ergebnisse kannst Du im Internet nachlesen, wenn Du nach *„Hans Böckler Stiftung Digitaler Stress Studie"* googelst. An dieser Stelle möchte ich nur ein paar Ergebnisse herausgreifen. Unter anderem konnte festgestellt werden, dass digitaler Stress mit einer deutlichen Zunahme von gesundheitlichen Beschwerden einhergeht.

Bandscheibenvorfälle, Essstörungen und Burn-outs sind längst keine Alterserscheinungen mehr, sondern immer öfter auch bei jungen Menschen anzutreffen und unter anderem auf digitalen Stress zurückzuführen. Digitaler Stress ist bei den 25- bis 34-jährigen sowie den 35- bis 44-jährigen Beschäftigten am stärksten ausgeprägt. Den geringsten digitalen Stress empfinden Beschäftigte ab 64 Jahren. Nun, kurz vor der Rente würde ich mich auch nicht mehr von einem Megatrend stressen lassen.

Auch vermindert digitaler Stress die berufliche Leistungsfähigkeit. Überraschend ist das Ergebnis, dass der Digitalisierungsgrad des Arbeitsplatzes nicht allein ausschlaggebend für das Level an digitalem Stress ist. Laut der Techniker Krankenkasse beklagen sich 67 Prozent der Bundesbürger über Stress, ständige Hektik und Unruhe während der Arbeitszeit (TK-Stressstudie 2021). Was auch nicht weiter verwunderlich ist, wenn man bedenkt, wie oft wir alle von Push-Notifikationen unserer Smartphones aus dem Fokus gerissen werden.

Es ist nicht von der Hand zu weisen, dass sich die Welt um uns herum immer schneller zu drehen scheint. Und das Schlimme daran ist, dass wir selbst dafür verantwortlich sind. Auf dem Weg zur Arbeit in der Straßenbahn schonmal die ersten beruflichen Mails checken. Dabei fällt uns ein, dass die beste Freundin morgen Geburtstag hat. Also bestellen wir schnell noch ein Geschenk über Amazon, damit es bereits heute Nachmittag bei uns ankommt.

Am Bahnhof angekommen holen wir uns einen Green Latte Macchiato von Starbucks und eilen ins Büro zum ersten Meeting des Tages. Während des Meetings erreicht uns auf unserem Smartphone bereits die erste Push-Notifikation von Amazon, dass unsere Bestellung versandt wurde. Anschließend folgen einige Popups der Influencer, denen wir folgen. So geht es dann den ganzen lieben Tag weiter. Und natürlich fühlen wir uns gerade zu genötigt, jedes Mal unser Smartphone in die Hand zu nehmen, sobald eine neue Push-Notifikation eingeht. Kurz um: Internet und Social Media machen süchtig.

Es ist entscheidend zu verstehen, was in unserem Körper vor sich geht, sobald eine neue Push-Notifikation auf dem Display unseres Smartphones erscheint. Denn jedes Mal, wenn das passiert, schüttet unser Körper das Hormon Dopamin aus, das als Botenstoff des Glücks bekannt ist. Und wer möchte schon nicht glücklich sein? Aufgrund unserer Glückserwartung über einen Like oder ein Kommentar zu einem Post, den wir im Internet abgesetzt haben, greifen wir automatisch zum Smartphone. Über den Tag verteilt nehmen wir so regelrecht ein Dopaminbad, das uns eben süchtig machen kann. Und eben auch zu all den Problemen führen kann, die ich zuvor beschrieben habe.

Da ich diesen Mechanismus aus erster Hand kenne, möchte ich hier Aufklärungsarbeit leisten und Wissen teilen, wie man trotz der ganzen (digitalen) Ablenkungen maximal produktiv sein und den digitalen Stress reduzieren kann.

Blockzeiten einrichten

Ich habe es mir angewöhnt, meine Arbeit in Blockzeiten zu organisieren. Ein Block hat dabei den Aufbau 60-60-20. Ich gebe 50 Minuten lang Gas und bin maximal auf die vor mir liegende Tätigkeit fokussiert. Anschließend mache ich zehn Minuten Pause, bewege mich währenddessen und bereite mir einen frischen Kaffee zu.

Wichtig! Während der Pause wird das Smartphone nicht angefasst. Höchstens um den Pausen-Timer auf zehn Minuten zu setzen. Anschließend gebe ich wieder 50 Minuten Gas und mache wieder zehn Minuten Pause. In Summe habe ich so zwei Sprints á 50 Minuten fokussierter Arbeitszeit zuzüglich unterstützender Pausen hinter mir. Die anschließenden 20 Minuten nutze ich dann, um in der Zwischenzeit eingegangene Telefonate zu beantworten oder mir eine etwas längere Pause zu gönnen.

Flugmodus aktivieren

Während der Fokuszeit kann man mich nicht erreichen. Weder telefonisch noch per Mail oder Chat. Hier bin ich knallhart, weil ich während der Sprints den Shit gemacht haben will. Wenn auch Du den Shit gemacht haben willst, empfehle ich Dir, den Flugmodus oder die *„Nicht stören“*-Funktion Deines Smartphones zu aktivieren, wodurch die Push-Notifikationen nicht mehr von einem Ton, aufleuchtenden Display oder Vibrationsalarm angekündigt werden. Im Anschluss an die Fokuszeit kannst Du die eingegangenen Mitteilungen gerne während der längeren Pause prüfen.

Elefanten zuerst einplanen

Das Leben brachte mir bei, dass ich allein dafür verantwortlich bin, wie ich meine Zeit nutze. So machten mir beispielsweise die 80/90jährigen aus dem Altersheim bitterlich klar, dass das Leben zu kurz ist, um die Dinge, die mir wirklich wichtig sind, auf die lange Bank zu schieben.

Aus diesem Grund plane ich am Ende einer Arbeitswoche bereits die nächste. Dabei sind mir besonders meine Elefanten wichtig. Das sind die zwei bis drei Aktivitäten, die ich in der nächsten Woche auf jeden Fall gemacht haben will. Für heute habe ich mir beispielsweise vorgenommen, dieses Kapitel zu schreiben. Hierfür habe ich mir bereits letzte Woche eine Blockzeit in meinen Kalender eingetragen.

Wenn Du Deine Elefanten bereits im Voraus planst, dann müssen sich alle anderen um Deine Elefanten herum organisieren. Und zwischen Elefanten ist bekanntermaßen nicht so viel Platz frei. Im Umkehrschluss bekommst Du so nicht nur mehr Shit erledigt, sondern wirst auch deutlich weniger durch andere belästigt, weil dafür einfach kein Platz ist. Probiere es aus. Nach einer gewissen Eingewöhnungszeit werden sich die Leute an Deine Elefanten anpassen, allein schon deshalb, weil die meisten nicht dominant genug sind, um für Terminkollisionen zu sorgen. Voraussetzung ist natürlich, dass Du Deine Elefanten verteidigst, diese sind nämlich trotz ihrer Größe einfühlsame Geschöpfe.

Social Media Slots festlegen

Ich habe mir einen Social Media Slot von 50 Minuten am Abend eingerichtet. Während dieser Zeit beantworte ich meine privaten Mails sowie Chats und nehme mir die Zeit zu recherchieren sowie ein bisschen im Internet zu surfen. So lässt sich die Überflutung mit Informationen steuern und minimieren. Mit meinen beruflichen Mails halte ich es übrigens ähnlich. Diese beantworte ich einmal morgens und einmal nach der Mittagspause. Inspiration dazu lieferte mir Napoleon Bonaparte, der laut Überlieferung seine Post nur einmal im Monat prüfte. Die meisten Dinge hatten sich da bereits erledigt.

Notifikationsfunktion ausschalten

In diesem Zusammenhang steht auch dieser Tipp. Ich habe die Notifikationsfunktion für all meine Apps ausgeschaltet. Dies hat den Vorteil, dass ich zwischendurch nicht in Versuchung komme, diese doch zu lesen oder zu beantworten. Stattdessen nehme ich mir bewusst Zeit, in der ich die Mitteilungen prüfe. Da ich sie auf dem Homedisplay meines Smartphones nicht sehe, muss ich bewusst die jeweilige App öffnen. Durch dieses Vorgehen kann mich nichts von meiner aktuellen Tätigkeit ablenken oder aus der Bahn werfen, wenn es sich beispielsweise um eine unerfreuliche Nachricht handelt. Ich bestimme also selbst über meine Zeit. Ist das nicht wahre Freiheit?

Bevor Du jetzt sagst, dass das bei Dir nicht funktioniert, möchte ich Dich bitten, die Tipps einfach mal auszuprobieren. Wenn Du ein Clickworker bist, so wie ich es bin, dann werden Dir die Tipps gute Dienste leisten. Und wenn es trotzdem nicht funktioniert, dann frage Dich, wie es doch funktionieren kann. Das Leben ist zu kurz, um es nicht selbstbestimmt zu führen.

Also, ich bin ein begeisterter Verfechter der Digitalisierung. Ich bin davon überzeugt, dass wir im besten aller Jahrhunderte leben. Und dass das 21. Jahrhundert insbesondere durch die Digitalisierung zahlreiche Möglichkeiten für uns bereithält.

Die Digitalisierung ist also ein Segen, wenn wir sie für uns richtig nutzen. Ich hoffe, dass Dich dieses Kapitel dabei unterstützt, maximal produktiv zu sein und die digitalen Chancen zu ergreifen, die sich Dir bieten.

To Do:

Setz die Tipps aus diesem Kapitel um. Die damit verbundene Produktivitätssteigerung wird Dich erfolgreicher und selbstbewusster machen. Davon bin ich überzeugt. Du bist der Meister Deiner Zeit.

Und Du wirst die zusätzliche Zeit brauchen, um Deine digitale Schlagzahl zu erhöhen.

2.11

Digitale Schlagzahl erhöhen

„Je mehr ich übe, desto mehr Glück habe ich.“

Neulich las ich ein Interview mit dem ehemaligen CEO des deutschen Chip-Herstellers Infineon, Reinhard Ploss (Capital, März 2022). Bei der Frage des Journalisten, wie man sich nach zehn Jahren im selben Sessel (CEO eines DAX-Konzerns) ein offenes Auge für Innovationen bewahrt, blieb ich interessiert hängen. Ich war gespannt auf die Antwort von Reinhard.

Ob CEO oder Mitarbeiter, ich weiß aus persönlicher Erfahrung, dass man sich nur allzu schnell der Bequemlichkeit des Alltagsgeschäfts hingeben möchte. Nicht dass das Alltagsgeschäft nicht anspruchsvoll wäre, aber es ist eben etwas, was wir bereits beherrschen. Und es gibt noch ein weiteres Problem mit dem Alltagsgeschäft. Es handelt sich dabei nämlich um Erfolge aus Investitionen, die das Unternehmen in der Vergangenheit getätigt hat. Diese sind jedoch kein Garant dafür, dass es auch zukünftig gut für das Unternehmen laufen wird. Insbesondere in der schnelllebigen Chipbranche darf man sich nicht auf den vergangenen Erfolgen ausruhen.

Wir Menschen sind jedoch von Natur aus träge, wenn es darum geht aus unserer Komfortzone auszubrechen. Und erst recht, wenn wir das regelmäßig machen müssen. Veränderungen findet jeder irgendwie gut. Wenn es jedoch darum geht, diese anzustoßen oder sich gar selbst zu verändern, tun sich die Meisten von uns schwer damit.

Doch genau in diese Kerbe schlägt Reinhard Ploss mit seiner Antwort: *„Das Wichtigste ist, sich die jugendliche Begeisterung fürs Ausprobieren zu bewahren. Und sich mit Leuten zu umgeben, die einfach Dinge machen wollen.“* Dass dabei auch Fehler entstehen und nicht alles auf Anhieb klappt, ist Reinhard auch klar. Doch wenn man in Sachen Digitalisierung nicht den Anschluss verlieren will, muss man ausprobieren und nach vorne schauen. Je mehr man ausprobiert, desto eher kommt dabei auch etwas heraus, das wirklich erfolgsversprechend ist. Ein Ansatz, der im Übrigen nicht nur in der Chipbranche erfolgversprechend ist.

Wolfgang Amadeus Mozart komponierte über 600 Stücke, Ludwig van Beethoven über 650 und Johann Sebastian Bach über 1.000. Und doch sind uns nur wenige in Erinnerung geblieben, für die wir diese drei Komponisten fast ausschließlich feiern.

Thomas Alva Edison leistete zwischen seinem 30. und 35. Lebensjahr Pionierarbeit als Erfinder und sammelte in diesem Zeitraum über 100 Patente. Insgesamt hielt er 1.093 Patente. Berühmt und fürstlich entlohnt wurde er jedoch nur für einige wenige Erfindungen, darunter die Glühbirne.

Über Luther Burbank, dem großen Botaniker, wird berichtet, dass er eine Million Pflanzenarten züchtete, um dann eine oder zwei außergewöhnliche Arten zu finden.

Der hier beschriebene Ansatz ist uns allen wohlbekannt, es handelt sich um das Gesetz der großen Zahlen. Es ist der Output, der über Erfolg und Misserfolg entscheidet. Daher ist es nicht genug nur von dem Gesetz zu wissen, sondern man muss es auch anwenden.

Abschließen möchte ich mit einer Anekdote über den Golfprofi Bernhard Langer. Während eines Turniers schlug Bernhard einen Ball in einen Baum, in dem dieser stecken blieb. Das Turnier schien für ihn verloren. Bernhard überlegte jedoch nicht lange, kletterte auf den Baum, schlug den Ball heraus und gewann das Turnier am Ende.

Auf die Anmerkung eines Journalisten im Anschluss an das Turnier, dass Bernhard doch ziemlich viel Glück gehabt hat, antwortete dieser: *„Ja, das habe ich auch schon bemerkt. Je mehr ich übe, desto mehr Glück habe ich.“*

Je öfter wir unsere Komfortzone verlassen, desto vertrauter werden wir im Umgang mit dem Neuen. Deshalb möchte ich Dich dazu anregen, regelmäßig Deine Komfortzone zu verlassen, um beispielsweise Deine Schlagzahl in Bezug auf die Digitalisierung zu erhöhen. Und ich bin mir sicher, dass früher oder später dabei etwas herauspurzeln wird, das von Erfolg gekrönt ist.

To Do:

Was würdest Du diese Woche tun, wenn Du wüsstest, dass Du damit Erfolg hast? Tue es, verdammt nochmal!

Tue es jetzt sofort!

Mach den ersten Schritt!

Jetzt!

Sofort!

2.12

Digitaler Zugang als Booster

„Im Jahr 2030 werden Sie nichts besitzen und glücklich sein."

Um die Jahrhundertwende (2000er) veröffentlichte der Ökonom Jeremy Rifkin seinen Bestseller *Access – Das Verschwinden des Eigentums: Warum wir weniger besitzen und mehr ausgeben werden*. In seinem Werk stellte er damals die steile These auf, dass der Mensch in Zukunft nicht mehr auf Eigentum bestehen wird. Es reiche ihm, Produkte nutzen zu können.

Damals wurde Jeremy für seine These belächelt und sogar kritisiert. Nach dem Motto: Das würde nicht funktionieren. Eigentum gelte seit jeher als die Quelle von Wohlstand. Der Kapitalismus würde das nicht mitmachen. Es würde die Leute nicht glücklich machen, die Dinge einfach nur zu benutzen.

Heute, wo ich diese Zeilen schreibe, ist die Ersterscheinung von *Access* gut 20 Jahre her und wir wissen, dass es den Kapitalismus recht wenig juckt, ob der Endkunde etwas sein Eigen nennt oder nicht. Wenn es Wert stiftet, dann ist es den Leuten egal, ob sich die Dinge in ihrem Eigentum befinden oder sie nur einen Zugang zu ihnen haben. Sie kommen und legen das Geld für den Zugang auf den Tresen und fertig.

Ein gutes Beispiel hierfür ist die US-amerikanische Softwareschmiede Adobe, deren Lösungen in den Bereichen Kreativität, Marketing und Dokumenten-Management heißbegehrt sind. Adobe begann 2013 als eines der ersten Unternehmen aus der Softwarebranche die Umstellung des Geschäftsmodelles vom einmaligen Verkauf der Software hin zu einem Abo-Modell.

Die Marktbeobachter und der Wettbewerb zweifelten am Erfolg dieses Schrittes. Doch die Verantwortlichen bei Adobe sollten Recht behalten. Bereits wenige Jahre nach der Umstellung auf das Abo-Modell konnte Adobe den Umsatz vervierfachen. Heute ist das Abo-Modell das Standardgeschäftsmodell der Softwarebranche.

Aber auch in der Maschinenbaubranche ist dieser Trend zu beobachten. Sogar in zwei Richtungen. Zum einen mieten die Kunden die Maschinen, wie beispielsweise beim Triebwerkshersteller MTU Aero Engines, und zum anderen beginnen die Maschinenbauer selbst die Maschinen als *„Access"* zu nutzen – als Zugang zu den Prozessen und Daten ihrer Kunden.

Möglich wurde das alles erst mit der voranschreitenden Digitalisierung der Wirtschaft. Insbesondere digitale Produkte und Dienste eignen sich hervorragend für das Abo-Modell. Allen voran lässt sich hier neben den Softwareschmieden die Medienindustrie nennen. Heutzutage muss man einen Film nicht mehr sein Eigen nennen, um ihn sich anschauen zu können. Dank findiger Unternehmen wie Netflix oder Disney wurde das möglich.

Aber auch die Autoindustrie setzt ihre Hoffnungen und Zukunft auf das Abo-Modell. Aktuell müssen Fahrzeuge aufwendig konfiguriert und gebaut werden. Zukünftig sollen die Autos mit mehr Ausstattung versehen werden, die dann nach Bedarf freigeschaltet werden kann. Das kostet die Hersteller auf den ersten Blick mehr. Gleichzeitig nimmt jedoch die Komplexität in der Fertigung ab und man kann die Extras, wie Allrad-Antrieb, Sitzheizung, Entertainment-Angebote, Einparkassistent, Autopilot et cetera margenstark vermarkten.

Berücksichtigt man die These von Jeremy Rifkin für die Automobilindustrie, dann werden wir zukünftig wohlmöglich ein Abo bei den Autoherstellern abschließen, mit dem wir dann auch zwischen Fahrzeugen nach Belieben wechseln können. Heute ein Cabriolet, weil ich bei Sonnenschein über die Landstraßen cruisen möchte und morgen ein Pickup, weil ich schwere Dinge transportieren muss. Und dank dem autonomen Fahren muss man das Fahrzeug nicht einmal selbst abholen. Es fährt einfach vor.

Letztlich wird nach wie vor jemand die Dinge sein Eigen nennen. In den benannten Beispielen die Hersteller der Produkte und Dienstleistungen. Dem Kapitalismus wird das nicht schaden, wie die hier porträtierten Beispiele zeigen.

Klaus Schwab, der Gründer des Weltwirtschaftsforums, veröffentlichte im Juli 2020 sein Buch *COVID-19: The Great Reset*. Das Werk und die darin enthaltenen Gedanken und Ideen trafen sensible Themen. Unter anderem schreibt Klaus: *„Im Jahr 2030 werden Sie nichts besitzen und glücklich sein."* Diese Aussage lieferte insbesondere Verschwörungstheoretikern ein gefundenes Fressen. Dabei hatte Jeremy Rifkin vor gut 20 Jahren bereits diesen Gedanken geäußert. Und Klaus hat ihn einfach nur aufgegriffen, weil er ihn gut findet. Und weil er bereits Realität ist und sich weiter verstärkt.

To Do (A):

Du erinnerst Dich daran, was wir weiter oben über das Thema *„Vielfach verdienen"* besprochen haben? Die Digitalisierung macht dieses Geschäftsmodell in Branchen möglich, in denen die Produkte zuvor immer wieder neu an die Leute gebracht werden mussten.

Wie kannst Du als Person beziehungsweise Dein Unternehmen von den Möglichkeiten der Digitalisierung in Bezug auf neue Geschäftsmodelle profitieren?

To Do (B):

Was würde es für Dich beziehungsweise Dein Unternehmen bedeuten, wenn die Konkurrenz mit einem neuen Geschäftsmodell um die Ecke kommt? Anregungen dazu möchte ich Dir mit dem nachfolgenden Kapitel geben.

2.13

Disrupt Yourself

„Kaum ein Unternehmen wird in Zukunft noch ohne digitales Geschäftsmodell auskommen."

Die Beratungsgesellschaft McKinsey & Company hat festgestellt, dass 70 Prozent aller Change-Prozesse in Unternehmen scheitern. Der Hauptgrund dafür ist mit 65 Prozent ein fehlendes Commitment des Top-Managements und ein mangelndes Engagement seitens der Mitarbeiter.

Du erinnerst Dich an den ehemaligen CEO des Stahlhändlers Klöckner, Gisbert Rühl? Nach seiner Rückkehr aus dem Silicon Valley setzte er die Transformation seines Unternehmens, und damit im Grunde die des gesamten Stahlhandels, als Top To Do auf seine Liste. Seitdem geht es bei Klöckner darum sich selbst anzugreifen oder wie es im US-amerikanischen heißt: Disrupt Yourself.

Wir hatten ja schon über die Frage gesprochen, was Du machen würdest, wenn der Wert Deiner Tätigkeit auf null sinken würde. Es ist eine Frage, die das Ungewisse und das Neue adressiert. Beides Dinge, mit denen wir Menschen nicht so einfach umgehen können.

Neben der Vorfreude auf etwas Neues, schwingt bei Veränderungen, deren Ausgang ungewiss ist, auch immer die Emotion Angst mit. Und das ist etwas, was wir Menschen unbedingt vermeiden wollen. Aus dem Investmentkontext weiß ich, dass die Angst vor einem Verlust doppelt so schwer wiegt, wie die Freude über einen Gewinn in selber Höhe. Wir Menschen sind seit jeher darauf konditioniert, in erster Linie Angst (Schmerz) zu vermeiden. Und erst wenn wir uns in Sicherheit wissen, lassen wir das Gefühl von Freude (Verlangen) zu.

Das ist einer der Gründe, warum es etablierten Unternehmen schwerfällt, Disruptoren (Angreifern) die Stirn zu bieten. Schlussendlich ist ein Unternehmen die Summe seiner Beschäftigten und wenn diese, aus welchen

Gründen auch immer, Angst vor Veränderungen haben, dann wird es die Unternehmensleitung sehr schwer haben, das Unternehmen zu transformieren.

Die Botschaft der Disruptoren ist jedoch unmissverständlich: Zerstört euer Stammgeschäft, bevor wir es tun. Diese Zerstörung fällt Disruptoren besonders leicht, weil sie häufig nicht aus der Branche kommen, die sie angreifen. Sie haben die bestehenden Strukturen und Prozesse nicht aufgebaut und dadurch hängen sie auch nicht an ihnen. Ganz anders sieht es bei etablierten Unternehmen aus. Sie haben die Branche seit Jahren, wenn nicht sogar Jahrzehnten, mitgestaltet. Dadurch hängen sie emotional an dem, was sie geschaffen haben. Was unter anderem der Grund ist, warum etablierte Unternehmen eher inkrementelle Innovationen hervorbringen, als den großen disruptiven Wurf zu machen.

Das macht es Disruptoren jedoch leicht, Ineffizienzen in bestehenden Branchen ausfindig zu machen und sich darauf zu stürzen. Nehmen wir das Beispiel Uber. Das Unternehmen mischte mit seinem Online-Vermittlungsdienst zur Personenbeförderung erfolgreich den nordamerikanischen Taxi-Markt auf. Die Gründer erkannten unter anderem, dass Taxen den Großteil der Zeit eigentlich nur rumstehen. Das ist sehr ineffizient, da dabei kein Geld verdient wird.

Damit sich das Geschäft jedoch trotzdem lohnt, wird auch die Leerlaufzeit der Taxen auf die Beförderungsgebühr draufgeschlagen. Die Fahrgäste bezahlen also für etwas, wovon sie gar keinen Nutzen haben. Und trotzdem wurde das Jahrzehnte lang als normal angesehen und von den Fahrgästen mangels Alternativen hingenommen. Bis dann die Digitalisierung kam. Doch hier greife ich schon vor.

Also, auf der einen Seite herrscht kostspielige Ineffizienz. Und auf der anderen Seite gibt es Stoßzeiten, in denen es sehr schwer ist in Manhattan (New York City) ein Taxi zu bekommen. In solchen Stoßzeiten ließe sich jedoch das Vielfache der eigentlichen Beförderungsgebühr verdienen, wenn man in der Lage ist, den potenziellen Fahrgästen ein entsprechendes Angebot zu unterbreiten. Gepaart mit einem intelligenten Algorithmus ließe sich sogar voraussehen, wo und wann sich solche Stoßzeiten ergeben.

Und dann gibt es da noch die Menschen, die ein Auto besitzen, das die meiste Zeit einfach nur rumsteht. Mit anderen Worten, da gibt es Assets, die nur darauf warten aktiviert zu werden. Dies alles hatten die Gründer von Uber erkannt und miteinander kombiniert. Heute bietet Uber weltweit seinen Vermittlungsdienst an und das mit Erfolg.

Solche Porträts außergewöhnlicher Leistungen lassen sich rückblickend natürlich immer leicht erstellen. Auch erscheinen sie schlüssig und man bekommt den Eindruck, dass es gar nicht anders hätte kommen können. Doch Achtung! So ist das mit Nichten. Das Leben lässt sich rückblickend immer leicht erklären, gelebt werden muss es jedoch mit einem vorwärts gerichteten Blick. Wenn man sich auf einen unternehmerischen Weg begibt, dann weiß man erst am Ende, wohin er einen führt.

Die Gründer von Uber waren keine Taxifahrer. Wie es so häufig bei Disruptoren ist, kamen sie nicht aus der Branche. Dadurch hatten sie einen gänzlich anderen Blick auf die Branche und erkannten die in ihr liegende Ineffizienz sowie das damit verbundene Wertschöpfungspotenzial. Und sie hatten noch einen weiteren Vorteil als Outsider. Sie waren nicht mit den drei Hürden der Geschäftsmodellinnovation konfrontiert, die wir später nochmal aufgreifen werden und die Prof. Oliver Gassmann in seinem Buch *The Business Model Navigator: 55 Models That Will Revolutionise Your Business* ausführlich beschreibt:

Die **dominierende Industrielogik**, die besagt, dass es normal ist, dass Taxen den Großteil ihrer Zeit einfach nur rumstehen und Geld kosten, anstatt welches zu verdienen, haben die Gründer von Uber hinterfragt.

Anstatt in Technologien und Produkten zu denken, **dachten sie in Geschäftsmodellen**. Dabei wandten sie konsequent bereits verfügbare Technologien (Internet und Smartphone) auf ein bestehendes Geschäftsmodell an und revolutionierten so das Geschäftsmodell einer gesamten Branche.

Und durch ihren frischen, ungetrübten Blick auf die Branche erkannten die Uber Gründer, Travis Kalanick und Garrett Camp, auch die restlichen Puzzleteile wie die ungenutzten Assets in Form von Privatpersonen, die ein Auto besitzen und sich gerne was dazu verdienen möchten. Anschließend vervollständigten sie mit ihrem **kreativen systematischen Vorgehen** das Puzzle wobei sie bei diesem Punkt wohlmöglich von anderen Disruptoren wie Airbnb inspiriert wurden. Das Unternehmen wurde etwa ein Jahr vor Uber gegründet und besitzt schlussendlich dasselbe Geschäftsmodell: Vermittlung von Unterkünften ohne diese selbst zu besitzen.

Auf dieser Basis gelang es Uber sich erfolgreich zwischen Taxen und Fahrgästen zu schieben. Das Einzige, was die Taxiunternehmen Uber entgegenzusetzen hatten, waren Demonstrationen seitens der Taxifahrer, Gejammer darüber wie unfair das Geschäftsmodell von Uber sei und das

Unternehmen zu verklagen. Der Beweggrund meiner Meinung nach: Angst.

Was kann eine Führungskraft also tun, wenn sie ihre Mitarbeiter zur Transformation bewegen möchten? Nun, die Botschaft der Disruptoren sollte keineswegs verharmlost werden. Stattdessen sollte sie aufgegriffen und klar an die Mitarbeiter kommuniziert werden. Entweder wir greifen unser bestehendes Geschäftsmodell selbst an oder andere tun es.

Gleichzeitig nutzen wir die Möglichkeiten der Digitalisierung, um unser bestehendes Geschäft zu stärken. Denn vielleicht sind die Disruptoren auch auf dem Holzweg.

Parallel dazu bauen wir jedoch neue, disruptive Geschäftsmodelle mit Leuten auf, die einen frischen Blick auf unsere Branche haben. Niemand hat etwas davon, wenn der Wert unserer Geschäftstätigkeit auf null sinkt und wir dem nichts entgegenzusetzen haben.

Dabei muss man sich nicht zwingend mit den Disruptoren anlegen, um die Transformation im eigenen Unternehmen voranzutreiben und sich so zukunftsfähig aufzustellen. Nach dem Motto *„Der Feind meines Feindes ist mein Freund“*, kann man auch gemeinsame Sache mit ausgewählten Disruptoren machen. Doch bisher passiert das viel zu selten in Deutschland.

Laut einer Bitkom-Umfrage (2022) kooperiert gerade einmal jedes vierte Unternehmen in Deutschland mit Startups. Die Hauptgründe nicht mit Startups zu kooperieren sind: Fehlende Zeit (47 Prozent), gefolgt von keinen finanziellen Mitteln (44 Prozent) und fehlender Kontakte (42 Prozent). Interessant ist, dass die inhaltlichen Gründe wie keine Projekte (34 Prozent) und kein Mehrwert in Kooperation mit Startups (30 Prozent) nicht die Hauptgründe darstellen.

Man kann also festhalten, dass es den meisten Verantwortlichen im deutschen Mittelstand klar ist, dass sie in neue Technologien und Ideen investieren müssen, um zukünftig bestehen zu können. Doch leider fehlt es ihnen an so banalen Dingen wie Zeit. Doch fehlt es uns nicht allen an Zeit oder setzen wir einfach die falschen Prioritäten?

Vor diesem Hintergrund sagt der ehemalige Bitkom-Präsident Achim Berg: *„Kaum ein Unternehmen wird in Zukunft noch ohne digitales Geschäftsmodell auskommen. Gerade für den Mittelstand ist die Zusammenarbeit mit Startups oft der beste Weg, Zugang zu neuen Technologien und digitalen Innovationen zu bekommen.“*

To Do (A):

Wenn Du zum Top-Management gehörst, dann setz die Transformation Deines Unternehmens als obersten Punkt auf Deine Agenda. Unterstütze das Team, dass die Transformation im Unternehmen voranbringt nach allen Kräften. Wo es sein muss, interveniere.

To Do (B):

Räume den eigenen Disruptoren Freiheiten ein, damit sie nicht mit den drei Hürden, (dominierende Industrielogik, Schwierigkeit in Geschäftsmodellen zu denken und fehlende kreative Systematik) konfrontiert sind. Unter diesen Hürden leiden insbesondere etablierte Unternehmen und ihre Mitarbeiter.

Gisbert Rühl, der ehemalige CEO von Klöckner, gründete für diesen Zweck extra eine neue Gesellschaft mit Sitz in Berlin, um damit die notwendige Distanz zwischen den eigenen Disruptoren und der Konzerndenke in Duisburg zu schaffen.

Dieses Vorgehen stammte jedoch nicht von ihm. Andere Unternehmen machten es ihm vor und wieder andere werden es ihm nachmachen.

To Do (C):

Kommuniziere klar an die Mitarbeiter was Sache ist und wie das Unternehmen als Ganzes von der Transformation profitieren kann. In diesem Zusammenhang sind insbesondere am Anfang schnelle Erfolge hilfreich. Menschen wollen die Gewissheit haben, dass der eingeschlagene Weg vielversprechend ist.

2.14

Konsequent sein

Versuchungen liegen am Wegesrand

Was ist die eine Sache,
die alles verändern würde?

Wann immer ich drohe von meinem eigentlichen Kurs abzukommen, erinnere ich mich daran, wo mein Weg langgeht und warum ich ihn betreten habe. Ich sage dann zu mir selbst: „*Die Versuchungen liegen am Wegesrand. Sag Nein zu ihnen. Ergreife nur außergewöhnliche Gelegenheiten, die darauf einzahlen, was Du wirklich haben willst.*“

In diesem Zusammenhang rufe ich mir auch gerne einen bildhaften Vergleich von Bodo Schäfer ins Gedächtnis, den ich nachfolgend mit Dir teilen möchte. Stell Dir vor, ich hätte ein Bündel mit Geldscheinen. Darunter würden sich einige 50-Euro-Scheine befinden, aber auch zahlreiche 20-, 10- und 5-Euro-Scheine. Wenn ich dieses Bündel in die Luft werfen und sich die Scheine anschließend auf dem Boden verteilen würden, nach welchen Geldscheinen würdest Du Dich zuerst bücken?

Die Antwort liegt klar auf der Hand. Du würdest Dich zuerst nach den 50-Euro-Scheinen bücken und diese aufheben. Denn obwohl die 50-Euro-Scheine im Bündel in der Unterzahl sind, sind sie in Summe weitaus mehr wert als die 20-, 10- und 5-Euro-Scheine zusammen.

Anschließend könntest Du überlegen Dich auch nach den 20-, 10- und 5-Euro-Scheinen zu bücken. Daran würde ich Dich jedoch hindern und Dir ins Gedächtnis rufen, Dich nicht von den Versuchungen am Wegesrand ablenken zu lassen. Anstatt Dich nach den 20-, 10- und 5-Euro-Scheinen auch noch zu bücken, solltest Du Deine Zeit lieber investieren, um noch mehr 50-Euro-Scheine zu identifizieren.

Ja, Kleinvieh macht auch Mist, sicher. Doch dieses Kleinvieh hält einen nur auf und ehe man sich versieht, ist man nur noch mit dem Kleinvieh beschäftigt und hat gar keine Zeit mehr für die wirklich großen beziehungsweise wichtigen Dinge. Dinge, die den entscheidenden Unterschied machen.

Ich liebe das Bild von den Geldscheinen, denn es ist so schön universell und bringt mich in den unterschiedlichsten Lebensbereichen immer wieder zum Nachdenken, beispielsweise was meinen beruflichen Tätigkeitsbereich oder meine Zeiteinteilung angeht. Und eben auch beim Thema *„Digitalisierung"*. Nehmen wir als Beispiel die Handwerksbranche. Die Betriebe sind, während ich diese Zeilen schreibe, voll mit Aufträgen. Es herrscht nach wie vor Hochkonjunktur im Handwerk und von einer drohenden Rezession ist noch nichts zu sehen.

In solch einer Situation ist es ein Einfaches jeden Auftrag anzunehmen, der da kommt, anstatt sich die Zeit zu nehmen, um die Dinge zu identifizieren, die einen echten Unterschied machen können wie die Digitalisierung oder der sich zuspitzende Fachkräftemangel. Wobei ich erst letztens von Dr. Hildegard Sander, Hauptgeschäftsführerin der Landesvertretung der Handwerkskammern Niedersachsen, erfahren habe, dass es einen Unterschied macht, wie man die Dinge benennt. Für sie ist der Fachkräftemangel tatsächlich ein Fachkräftebedarf. Das Handwerk fragt weit mehr Fachkräfte nach als auf dem Markt verfügbar sind.

Es ist eben eine Frage der Perspektive, die wiederum darüber entscheidet, wie man die Dinge anpackt. Akzeptiere ich den Mangel, an dem ich nichts ändern kann, oder finde ich Wege meinen Bedarf zu befriedigen, beispielsweise mit Technologie.

Machen wir uns nichts vor, die Erträge von morgen können wir nur einfahren, wenn wir heute in unsere Zukunft investieren. Dieses Kapitel ist an alle gerichtet, die gerade in der Auftragsflut untergehen. Mach Dir klar, wie Dein eigentlicher Weg aussieht. Was sind Deine Themen der Zukunft? Wo liegen Deine 50-Euro-Scheine? Und habe den Mut, *„Nein"* zu all den Versuchungen am Wegesrand zu sagen. Denn laut Bodo verdient man mit einem *„Nein"* das meiste Geld, weil man dann Zeit für die wirklich großen Dinge hat.

Doch wie lassen sich außergewöhnliche Gelegenheiten von Versuchungen unterscheiden? Nun, laut Bodo gibt es hierzu eine Frage, die einem den Weg weisen kann: *„Was ist die eine Sache, die alles verändern und bestimmte Dinge leichter oder überflüssig machen würde?"* Wenn Du diese eine Sache für Dich klar hast, dann ist alles andere, was nicht darauf einzahlt, eine Versuchung.

To Do:

Was ist die eine Sache, die alles verändern würde?

3

Investments: In Menschen und ihre Ideen

Long-Term-Value = Schaffung von Arbeitsplätzen: +132 Prozent

Wenn ich mich nicht gerade mit den Themen *„Führung"* und *„Digitalisierung"* beschäftige, dann ist es das Thema *„Investments"*, das meine volle Aufmerksamkeit genießt. Ganz zu Anfang meiner Investment-Karriere musste ich mich entscheiden, so wie jeder andere auch, der sein Geld an der Börse investieren will.

Die Entscheidung: Investor oder Spekulant? *Long-Term-Value or Short-Term-Opportunities?* Wichtig! Das ist keine richtig oder falsch Entscheidung. Das eine ist nicht besser als das andere. Es ist viel mehr wie bei einem Hut. Nicht jeder Hut passt auf jeden Kopf. Wenn man seinen Hut jedoch gefunden hat, dann sollte man bei ihm bleiben.

Ich hatte damals beides ausprobiert und mich schlussendlich für Long-Term-Value entschieden. Gut zehn Jahre später weiß ich auch warum. Long-Term-Value passt einfach besser zu meinen Werten. Ich freue mich jedes Mal darüber, wenn ich auf Unternehmen und deren CEOs treffe, die langfristige Werte für Mitarbeiter, Kunden, Lieferanten und schlussendlich auch für Geldgeber schaffen. Und außerdem zeigen zahlreiche Studien, dass sich Long-Term in der Unternehmenswelt einfach mehr auszahlt als Short-Term.

Eine dieser Studien ist *The Data: Where Long-Termism Pays Off* von Dominic Barton, James Manyika und Sarah Keohane Williamson. Im Zeitraum von 2001 bis 2014 untersuchten sie 615 US-Unternehmen (exklusive Finanzunternehmen), die 60 bis 65 Prozent der gesamten US-Marktkapitalisierung darstellten.

Von diesen 615 Unternehmen identifizierten sie 167, die sich nachweislich an Long-Term-Value orientierten und setzten deren Ergebnisse ins Verhältnis zum Durchschnitt. Hier sind die Ergebnisse:

- Unternehmensumsatz: +47 Prozent
- Unternehmensgewinn: +36 Prozent
- Marktkapitalisierung: +58 Prozent
- Schaffung von Arbeitsplätzen: +132 Prozent

Das Ergebnis ist beeindruckend. Long-Term-Value schlägt Short-Term-Opportunities in der Unternehmenswelt, insbesondere wenn die Unternehmen in Jahrzehnten oder gar Generationen denken. Und auch für Investoren ist es lukrativ, sich an solchen Unternehmen zu beteiligen. Ich persönlich kann dadurch beispielsweise ruhig schlafen, weil ich weiß, dass das nächste Quartalsergebnis nicht kriegsentscheidend ist. Es ist nur ein Zwischenergebnis auf dem Weg zur Outperformance.

Und obwohl die Daten eindeutig sind, sind die meisten Menschen auf das Kurzfristige gepolt. Seien wir mal ehrlich. Den meisten von uns ist eine schnelle, kurzfristige Belohnung lieber, als das ganz große Ding einige Jahre später einzustreichen. Prominentestes Experiment hierzu ist wohl der Marshmallow-Test mit Kindern. Die Story dieses Kapitels ist, dass ein langfristiges Investment ein Investment in Menschen und ihre Ideen (Innovationen) ist, das sich letztlich auszahlt, für alle.

In puncto Digitalisierung ist mein Lieblingsbeispiel nach wie vor der Stahlhändler Klöckner. Das Unternehmen befindet sich nun mehr als acht Jahre in der digitalen Transformation. Die Anfänge waren alles andere als leicht. Wenn man aus der Stahlbranche kommt und plötzlich in Software und Plattform machen soll, dann stellt das die

Mitarbeiter vor eine große Herausforderung. Deshalb ziehe ich Klöckner auch so gerne als Beispiel heran. Das Unternehmen musste gänzlich andere Kompetenzen aufbauen. Doch mittlerweile hat sich Klöckner zum Digital Leader der ganzen Branche in Europa und jenseits des Atlantiks gemausert. Dies passierte jedoch nicht über Nacht, sondern aufgrund eines Long-Term-Investments in Menschen und ihre Ideen. Und genau darum handeln auch die nachfolgenden Kapitel dieses Buches.

To Do:

Gib Dir nochmal die Zahlen von weiter oben:

- Unternehmensumsatz: +47 Prozent
- Unternehmensgewinn: +36 Prozent
- Marktkapitalisierung: +58 Prozent
- Schaffung von Arbeitsplätzen: +132 Prozent

Schaffung von Arbeitsplätzen: +132 Prozent

Long-Term-Value = Long-Term-Impact

3.1

Geschäftsmodellinnovation

Dominierende Industrielogik

Schwierigkeit in Geschäftsmodellen zu denken

Fehlende kreative Systematik

Ein und dieselbe Produktidee kann floppen oder ein Hit werden, je nachdem mit welchem Geschäftsmodell man sie paart. Aus diesem Grund legen Startup Acceleratoren und Inkubatoren bei Startups, die an ihren Batches und Finanzierungsrunden teilnehmen, besonderen Fokus auf das Geschäftsmodell. Ich bin der Meinung, dass die Geschäftsmodellentwicklung nicht nur etwas für Startups ist, sondern auch für bereits etablierte Unternehmen und das ganz gleich aus welcher Branche sie kommen.

Das Problem ist jedoch, dass sich leider nur wenige Unternehmen Gedanken über das passende Geschäftsmodell machen. Prof. Oliver Gassmann, den kennst Du ja bereits von weiter oben, hat hierzu eine interessante Statistik in seinem Buch *The Business Model Navigator: 55 Models That Will Revolutionise Your Business* veröffentlicht. Von den 100 Prozent Budget, die multinationale Unternehmen in Innovationen investieren, gehen 90 Prozent in die Entwicklung neuer Produkte und nur zehn Prozent in die Entwicklung neuer Geschäftsmodelle.

Jetzt könnte man meinen, dass diese multinationalen Unternehmen schon wissen, was sie tun. Die Geschichte zeigt uns jedoch, dass das mitunter nicht der Fall ist.

Wenn wir den Börsenerfolg eines Unternehmens als ultimativen Erfolgsfaktor heranziehen, dann stellen wir fest, dass von den ursprünglich 12 Unternehmen (American Cotton Oil, American Sugar, American Tobacco, Chicago Gas, Distilling & Cattle Feeding, General Electric, Laclede Gas, National Lead, North American, Tennessee Coal and Iron, U.S. Leather und U.S. Rubber), die beim Aufsetzen des Dow Jones Industrial Average (DJIA) in ihm enthalten waren, heute kein einziges mehr im Index gelistet ist. Zum Zeitpunkt des Aufsetzens des DJIA im

Jahre 1896 waren diese Unternehmen die Titanen der US-amerikanischen Wirtschaft. 1928 wurde der DJIA dann auf 30 Unternehmen erweitert. Heute sind auch die meisten dieser Unternehmen von der Bildfläche verschwunden.

Ähnlich sieht es bei der weitaus größeren Fortune 500 Liste aus. Dabei handelt es sich um die Rangliste der weltweit größten Unternehmen nach Umsatz. *„Die Überschneidung der Fortune 500 Firmen heute und der vor 50 Jahren beträgt nur zehn Prozent"*, sagt der Wettbewerbsforscher Justus Haucap von der Universität Düsseldorf.

Oder nehmen wir den Fall Nokia und Apple. Die Verantwortlichen bei Nokia glaubten, dass sie ein großartiges Produkt hatten, bis sie Steve Jobs am 29. Juni 2007 eines Besseren belehrte. In Wahrheit verpassten sie nämlich den Trend zum Smartphone und dem damit verbundenen neuen Geschäftsmodell, bei dem Software, Hardware und Plattform miteinander kombiniert werden.

In diesem Buch propagiere ich, dass man das Spiel des 21. Jahrhunderts nicht mit den Spielregeln des 20. Jahrhunderts gewinnen kann. Doch was die Geschäftsmodellinnovation angeht, können wir uns das ein oder andere auch von Unternehmen aus dem 20. oder sogar 19. Jahrhundert abschauen. Unabhängig davon, ob sie noch existieren oder nicht. Die Idee dieses Kapitels ist nämlich, dass das Produkt noch so gut sein kann, wenn es jedoch mit dem falschen Geschäftsmodell kombiniert wird, ist es ein Flop.

Prof. Oliver Gassmann beschreibt in seinem Buch 55 Geschäftsmodelle, die für 90 Prozent der erfolgreichsten Unternehmen der Welt verantwortlich sind. Darunter sind Modelle wie *„Add-on"*, das für den Erfolg des Low-Cost-

Carriers Ryanair verantwortlich ist. Das Flugticket als solches ist günstig, jedes weitere Extra (Fensterplatz, Mitnahme eines Koffers et cetera) kostet jedoch richtig Asche. Oder *„Razor and Blade"*, das von dem Rasierklingenhersteller Gillette 1904 erfolgreich eingeführt wurde. Einer der Väter dieses Geschäftsmodelles soll John D. Rockefeller sein, der bereits 1880 günstige Öllampen verkaufte oder teilweise verschenkte, um anschließend die Nutzer der Öllampen mit margenstarkem Lampenöl zu versorgen.

Unternehmen, die dieses Geschäftsmodell erfolgreich übernahmen, sind beispielsweise Hewlett-Packard, Apple und Nestlé Nespresso. Nestlé Nespresso ging sogar so weit und kombinierte dieses Geschäftsmodell mit einem weiteren (Lock-in), sodass Nutzer der Nespresso Maschinen (günstig in Herstellung und margenschwach) nur Nespresso Kapseln (margenstark und hoch profitabel über die Lebensdauer der Maschine) nutzen können. Die Nutzer kommen nur aus dem System raus, wenn sie die Maschine wechseln. Und das passiert laut den Erkenntnissen von Nestlé Nespresso nur, wenn die Maschine kaputt geht. Anstelle von Nestlé Nespresso würde ich in solch einem Fall sofort für kostenlosen Ersatz sorgen.

Das Problem der deutschen Industrie ist, anders als im Silicon Valley, dass ihre Ingenieure es nicht gewohnt sind, in Geschäftsmodellen zu denken. Was nicht weiter verwunderlich ist, da ihnen immer wieder eingetrichtert wird, dass sich, wenn das Produkt großartig ist, der Rest, der Erfolg fast automatisch einstellen wird. Was jedoch nicht der Fall ist.

Ein prominentes Beispiel, wenn auch kein deutsches, ist Microsoft. Es ist gar nicht so lange her, dass das

Unternehmen, das heute wieder als innovativ gilt, sich auf dem absteigenden Ast befand. Bis dann 2014 Satya Nadella zum CEO ernannt wurde. Bis zu diesem Zeitpunkt verkaufte Microsoft seine Produkte größtenteils direkt oder über den Einzelhandel und war dabei den Trend zur Cloud zu verpassen. Satya stellte das Geschäftsmodell auf Abo um und tätigte massive Investitionen in die Cloud-Technologie. Heute ist Microsoft sowohl im DJIA gelistet als auch hochprofitabel unterwegs.

Ein weiteres prominentes Beispiel ist der Fall Kodak, auf den auch Oliver in seinem Buch *The Business Model Navigator: 55 Models That Will Revolutionise Your Business* verweist. 1975 erfand ein junger Ingenieur bei Kodak die Kamera, die heute als Vorreiter der Digitalkamera angesehen wird. Sein Name ist Steven Sasson und er war damals gerade einmal 24 Jahre jung. Das Potenzial seiner Erfindung wurde von seinen Vorgesetzten jedoch nicht erkannt. Ganz im Gegenteil sogar. Steven wurde angewiesen, die Erfindung in der Schublade verschwinden zu lassen und nie wieder darüber zu sprechen. Steven tat, wie ihm befohlen wurde.

Ich weiß nicht, ob Steven damals selbst die wahre Tragweite seiner Erfindung nicht greifen konnte oder ob ihm einfach der Mut fehlte seine Idee weiterzuverfolgen. Jedenfalls war er seiner Zeit voraus.

Als dann 1999 die ersten brauchbaren Digitalkameras den Markt fluteten, prognostizierten die Verantwortlichen bei Kodak, dass der Markt für Digitalfotografie in zehn Jahren gerade einmal fünf Prozent ausmachen würde. Der Großteil, 95 Prozent, würde nach wie vor auf Analogfotografie setzen. Wahrscheinlich versuchten die Verantwortlichen, sich durch die eigene Prognose selbst zu beruhigen und das aufgebaute Geschäftsmodell, was hochprofitabel war, zu rechtfertigen. Kodak, damals Marktführer, unterhielt weltweit tausende von Fotoshops, in denen man Kameras und Fotofilme kaufen sowie seine Fotos entwickeln lassen konnte. Doch zehn Jahre später kam es genau andersherum und 2012 musste Kodak Insolvenz anmelden.

Was die Verantwortlichen bei Kodak nicht wahrhaben wollten, erkannten wiederum die Verantwortlichen eines niedersächsischen Unternehmens mit einem ähnlichen Geschäftsmodell. Die CEWE Stiftung unterhielt damals hunderte von Fotoshops in Deutschland und war gerade dabei ins europäische Ausland zu expandieren. Doch die Digitalisierung der Fotobranche sollte diesem Vorhaben zunächst einen Strich durch die Rechnung machen. Die Verantwortlichen von CEWE erkannten die disruptive Wirkung der Digitalfotografie auf ihr Geschäftsmodell und begannen daher, ihr bestehendes Geschäftsmodell selbst zu kannibalisieren. Heute ist CEWE europäischer Marktführer im Fotofinishing.

Oliver sieht drei Hürden, warum Unternehmen an der Transformation ihres Geschäftsmodelles scheitern (siehe auch das Uber Beispiel von weiter oben):

1. Dominierende Industrielogik
2. Schwierigkeit in Geschäftsmodellen zu denken
3. Fehlende kreative Systematik

Dominierende Industrielogik

Im Fall von Kodak kam die Technologie aus den eigenen Reihen und stellte daher keine Hürde dar. Was dem

Unternehmen letztlich das Genick brach, war die dominierende Industrielogik. Anstatt zu spielen, um zu gewinnen, konzentrierten sich die Verantwortlichen auf die Verwaltung des Bestehenden. Investitionen der Vergangenheit sind jedoch kein Garant für zukünftigen Erfolg. Entscheidend ist einzig und allein die Investition von heute.

Ein weiteres prominentes Beispiel, bei dem den Verantwortlichen Milliarden von US-Dollar durch die Lappen gingen, ist der Fall 20th Century Fox und George Lucas. Man mag es kaum glauben, aber George hatte damals Schwierigkeiten damit, das Budget für seinen ersten Star Wars Film aufzutreiben. Irgendwann erbarmten sich die Verantwortlichen bei 20th Century Fox und stellten George zehn Millionen US-Dollar für die Produktion zur Verfügung. George sollte jedoch ohne Honorar arbeiten.

Der weitsichtige George konnte sich damals jedoch die Merchandise Rechte an Star Wars sichern, die in den Augen der Anwälte von 20th Century Fox keinen Wert hatten. Warum sollte man sich Merchandise Rechte an einer unbekannten Sache sichern, die keine Fans hat? Doch gerade das ist der ideale Zeitpunkt, um sich diese Rechte zu sichern. Denn wenn die Sache unbekannt ist, gibt es die Rechte für 'n Appel und 'n Ei.

Hier ist auch wieder der Link zu Scott Adams und seinem Konzept, sich Optionen zu sichern, die langfristig unweigerlich zum Erfolg führen, weil man Aktivposten aufbaut, die sich auf andere Bereiche übertragen lassen. 2012 verkaufte George seine Rechte an Disney für vier Milliarden US-Dollar. Bis zu diesem Verkauf, so laut Schätzungen von Forbes, setzte George 20 Milliarden US-Dollar mit den Rechten um. Natürlich hätte der Film auch floppen können. Aber hey, was hatte George schon zu verlieren?

Schwierigkeit in Geschäftsmodellen zu denken

Schauen wir uns als nächstes an, warum eine Geschäftsmodellinnovation weniger auf einer neuen Technologie basiert, als auf der Fähigkeit in Geschäftsmodellen zu denken. Als Jeff Bezos 1994 Amazon gründete, existierte bereits die Technologie, die ihm zum Erfolg verhalf. Er musste das Internet nicht erst erfinden, um Bücher online zu verkaufen und damit den etablierten Buchhandel disruptiv anzugreifen.

Anstatt in Technologien und Produkten zu denken, dachte er in Geschäftsmodellen. Im Vergleich zum Ladengeschäft lassen sich Bücher über das Internet nämlich weitaus günstiger verkaufen. Darüber hinaus gibt es in den USA keine Buchpreisbindung, was Jeff zusätzlich in die Karten spielte. Nach dem er das erkannt hatte, setzte er dieses Geschäftsmodell konsequent mit einer bereits bestehenden Technologie (Internet) um.

Fehlende kreative Systematik

Widmen wir uns abschließend noch der Sache mit der fehlenden kreativen Systematik. Eine interessante Aussage hierzu habe ich ebenfalls im Buch *The Business Model Navigator: 55 Models That Will Revolutionise Your Business* gefunden und sie stammt von Prof. George Land.

George hat den Zusammenhang zwischen Kreativität und Alter eines Menschen untersucht. Als ich die Ergebnisse seiner Arbeit in Form einer Grafik vor mir liegen hatte, war ich schon etwas erstaunt.

Ich meine, ich weiß, dass wir Erwachsenen in der Regel nicht sonderlich kreativ sind. Aber dass wir dermaßen unkreativ sind, hätte ich nicht für möglich gehalten. Für seine Studie mit 1.600 Kindern unterschiedlichen Alters entwickelte er Problemstellungen, die es auf kreative Art und Weise zu lösen galt, ohne dabei angeleitet zu werden.

Laut seiner Forschungsergebnisse sind Kinder bis zu einem Alter von fünf Jahren zu 98 Prozent kreativ. Mit anderen Worten, sie benötigen keine Unterstützung, um kreative Lösungen zu finden. Bis zum Alter von zehn Jahren sinkt der Anteil auf 30 Prozent. Mit 15 Jahren sind es dann nur noch 12 Prozent.

Und wie sieht es bei uns Erwachsenen aus? Nun, George führte seines Tests auch mit 280.000 Erwachsenen durch (Durchschnittsalter: 31 Jahre). Das Ergebnis: Zwei Prozent. Rückschluss: Um kreativ zu sein, benötigen die meisten Erwachsenen Unterstützung.

Die Geschichte mit meinem Sohn, wie er als Dreijähriger während der Corona-Pandemie eine Holzeisenbahn nach der anderen wieder abriss und das obwohl wir sie kurz zuvor erst gebaut hatten, ist für mich ein wunderbares Beispiel für die Kreativität unserer Kleinsten und ein Weckruf an uns Erwachsene. Selbst wenn es uns stinkt, tun wir uns schwer mit Veränderungen. Jetzt mögen einige sagen: *„Ich weiß, dass es stinkt. Aber es ist warm und es ist meins."* Und trotzdem ist es Scheiße, die da stinkt, erwidere ich.

Ich persönlich werde immer wieder gefragt, woher ich die Ideen (Kreativität) für meine Beiträge nehme. Die Antwort ist ein kreatives systematisches Vorgehen, bei dem ich selbst tagtäglich unzählige Beiträge, Zeitschriften und

Bücher lese und die besten Gedanken notiere. Ich fresse Informationen und scheiße Beiträge, könnte man sagen.

Kreativität ist nichts Angeborenes, wie es die Studie von George Land beweist. Wir alle haben sie, wir haben bloß vergessen, wie man sie nutzt. In Zeiten der Umbrüche und Wendepunkte wird sie jedoch immer wichtiger.

Was hat das nun mit Führung, Digitalisierung oder Investments zu tun, die drei Dinge, für die ich stehe. Auch hier möchte ich eine interessante Erkenntnis heranziehen, die ich in dem Buch von Oliver gefunden habe. Die Boston Consulting Group hat nämlich herausgefunden, dass sich die durchschnittliche Lebensdauer von Geschäftsmodellen in den letzten 50 Jahren von 15 Jahre auf fünf Jahre verkürzt hat, unter anderem aufgrund der **Digitalisierung**. Unternehmen wie Kodak oder Nokia wollten das nicht wahrhaben und gingen unter. Oder die Buchhändler in den USA, die von Jeff Bezos mit dem Online-Buchverkauf konfrontiert wurden.

Solche Entwicklungen haben unmittelbaren Einfluss auf die **Führung** und die **Investitionen** einer Organisation. Reed Hastings, Gründer und CEO von Netflix, schwört auf die Kreativität seiner Mitarbeiter, ohne die es das Unternehmen heute nicht mehr geben würde. Netflix musste in den letzten 20 Jahren bereits drei Mal eine Wende hinlegen, um weiterhin bestehen zu können. Also führt Reed sein Unternehmen auch entsprechend, sodass die Kreativität seiner Mitarbeiter frei gedeihen kann.

To Do:

Für mich persönlich ist das Thema *„Geschäftsmodellinnovation"* eines der spannendsten Themen, mit dem man sich im Geschäftskontext beschäftigen kann.

Wenn Du das Potenzial in diesem Thema für Dich beziehungsweise Dein Unternehmen erkannt hast und tiefer einsteigen möchtest, dann solltest Du Dir das Buch *The Business Model Navigator: 55 Models That Will Revolutionise Your Business* von Prof. Oliver Gassmann unbedingt geben.

Neben einem systematischen Vorgehen, wie Du ein Geschäftsmodell innovieren kannst, findest Du in dem Buch auch 55 Geschäftsmodelle, die für 90 Prozent der erfolgreichsten Unternehmen der Welt verantwortlich sind.

3.2

Service: Das Geschäftsmodell des 21. Jahrhunderts

...-as-a-Service

1840 waren in den USA fast 70 Prozent der Beschäftigten in der Landwirtschaft tätig. Weitere zehn Prozent in der Industrie und die restlichen 20 Prozent im Dienstleistungssektor. Mit der Erfindung von Traktoren, Melkmaschinen und anderen Werkzeugen wurde die Landwirtschaft im Laufe der Zeit immer leistungsfähiger, sodass immer weniger Menschen benötigt wurden, um die Felder zu bestellen. Gleichzeitig entstanden neue Arbeitsplätze in der Industrie und dem Dienstleistungssektor.

Gut 180 Jahre später dominiert der Dienstleistungssektor mit fast 80 Prozent der Beschäftigten das Dreiecksverhältnis aus Landwirtschaft, Industrie und Dienstleistung. Die Corona-Krise, die 2019 ihren Lauf nahm, machte jedoch insbesondere Unternehmen und Beschäftigten des Dienstleistungssektors schmerzlich bewusst, wie anfällig ihr Sektor gegenüber Pandemien ist.

Dennoch bin ich der Ansicht, dass Service das Geschäftsmodell des 21. Jahrhunderts ist und sich zukünftig nicht allein auf den Dienstleistungssektor beschränken wird. Der Grund für meine Ansicht ist die Digitalisierung.

Mit dem Aufkommen des Internets nahm die Menge an Daten, die tagtäglich über den ganzen Globus geschickt werden, exponentiell zu. Hinzu kommen Sensoren und Microcomputer, die es den unterschiedlichen Geräten ermöglichen, miteinander zu kommunizieren und so noch mehr Daten zu produzieren. Daten, die in riesigen Datenzentren gespeichert und unter Verwendung von intelligenter Software analysiert und weiterverarbeitet werden. Diese Sensoren, Microcomputer, Datenzentren und Softwareprogramme stellen die Traktoren und Melkmaschinen des 21. Jahrhunderts dar.

Neben der Steigerung der Effizienz und Effektivität von Prozessen und der Transformation der Arbeitswelt sorgen sie auch für eine Weiterentwicklung der klassischen Geschäftsmodelle der Landwirtschaft und Industrie.

Ähnlich wie im Dreiecksverhältnis von weiter oben gibt es eine Verschiebung von der reinen Produktion und dem einmaligen Verkauf von Produkten hin zu einem Dienstleistungsgeschäft. So verkündete Tim Baert, General Manager E-Commerce DE/AT bei L'Oréal, auf der Commerce Week 2021 die zukünftige Positionierung des Kosmetikkonzerns: *„Wir glauben, dass es darum gehen wird, das Schönheitsgeschäft durch Dienstleistungen, wie das virtuelle Testen einer Haarfarbe oder von Make-up-Anprobe sowie Hautdiagnosen mittels KI/AR, neu zu erfinden. Dienstleistungen sind jetzt die neuen Produkte."*

Im 21. Jahrhundert ist Dienstleistung nicht nur der Bereich, der die meisten Arbeitsplätze bereitstellt, sondern auch das Geschäftsmodell, das ein interessantes Wachstumspotenzial für alle drei Sektoren bietet. Nachfolgend möchte ich Dir fünf Ausprägungen dieses Geschäftsmodells vorstellen.

Product-as-a-Service

Bei Product-as-a-Service geht das darum, dass man Kunden ein physisches Produkt über eine bestimmte Zeitdauer als Abo-Produkt zur Verfügung stellt. Die monatlichen Zahlungen machen es den Kunden leichter, das Produkt zu nutzen, ohne dabei größere Geldbeträge in die Hand nehmen zu müssen. In diesem Zusammenhang etablieren sich auch Abo-Pläne, bei denen man nur die tatsächlich genutzte Leistung des Produktes bezahlt. Möglich wird das, indem die Betriebszeiten des Produktes, beispielsweise ein Flugzeugtriebwerk, erfasst und an den Hersteller übertragen werden. In der Regel finden sich in den Abo-Plänen auch Serviceleistungen, die dem Hersteller zusätzliche Einnahmen garantieren. So betreibt der Flugzeugtriebwerkshersteller Rolls Royce sehr erfolgreich dieses Geschäftsmodell. Die Airlines müssen nur zahlen, wenn das Triebwerk läuft. Und das Triebwerk läuft nur, wenn das Flugzeug in der Luft ist. Durch dieses Vorgehen bindet sich Rolls Royce an die Interessen seiner Kunden.

Software-as-a-Service

Kunden können über das Internet auf Anwendungen zugreifen, die von einem Service-Provider gehostet werden, um beispielsweise Zahlungen in einem Online-Shop abzuwickeln, Daten zu speichern oder eine Website zu erstellen. Ein gutes Beispiel hierfür ist Microsoft. Es gab eine Zeit, in der Microsoft seine Softwareprodukte einzeln auf Datenträgern verkaufte. Heute kann man einfach ein Abo abschließen und die Software sofort nutzen.

Infrastructure-as-a-Service

Infrastructure-as-a-Service bietet Nutzern die typische Rechenzentreninfrastruktur, wie beispielsweise Hardware, Rechenleistung, Speicherplatz oder Netzwerkressourcen aus der Cloud, ohne dass diese selbst aufwendige und teure Rechenzentren einrichten und betreiben müssen. Prominentes Beispiel aus diesem Bereich ist Amazon Web Services.

Data-as-a-Service

Data-as-a-Service bietet die Bereitstellung und Verteilung von Informationen. Kunden, die diesen Service nutzen, können über das Internet auf für sie relevante Daten zugreifen wie beispielsweise Wetterdaten, Geoinformationen oder Bild-, Sound- und Videodateien. Der Statistikdienstleister Statista ist beispielsweise solch ein Service. Auf statista.com kann man sich für einen monatlichen Beitrag zu allen möglichen Themen Statistiken und Auswertungen ziehen.

Platform-as-a-Service

Platform-as-a-Service schlägt in eine ähnliche Kerbe wie Product-as-a-Service, jedoch mit dem Unterschied, dass dem Kunden gleich mehrere teilweise zusammen interagierende Anwendungen zur Verfügung gestellt werden wie beispielsweise die Adobe Creative Cloud, die einen vollständigen Zugriff auf die Kreativprogramme des Unternehmens bietet. Programme, die Adobe früher einzeln verkauft hat.

Abschließen möchte ich dieses Kapitel mit einem Gedanken, der uns allen nochmal ins Gedächtnis rufen soll, um was es eigentlich geht. Vergiss all das Gerede über B2B- und B2C-Geschäftmodelle. Letztlich geht es doch um Menschen. Und Menschen wollen menschliche Erfahrungen machen.

Wir kaufen Produkte und Dienstleistungen nicht einfach nur weil wir sie brauchen, sondern weil sie eine Geschichte erzählen und wir Teil dieser Geschichte sein wollen. Die alles entscheidende Frage lautet also: Welche Geschichte erzählen Deine Produkte und Dienstleistungen?

To Do (A):

Service ist das Geschäftsmodell des 21. Jahrhunderts. Deines auch?

Der ehemalige niedersächsische Staatssekretär für Digitalisierung, Stefan Muhle, brachte mich vor diesem Hintergrund auf eine Idee, als er nach der Landtagswahl 2022 mit den Worten *„Muhle-as-a-Service"* ein neues Kapitel seiner Karriere aufschlug.

Ich will es ihm gleichtun: Georg-as-a-Service.

Was ist mit Dir?

…-as-a-Service.

To Do (B):

Welche Geschichte erzählen Deine Produkte und Dienstleistungen?

Hierzu ein Beispiel von zwei scheinbar miteinander konkurrierenden Gründern: Steve Jobs und Bill Gates.

Steve und Bill hatten bei der Gründung ihrer Unternehmen zwei völlig unterschiedliche Visionen, mit denen sie die Menschen für ihre Computer begeistern wollten.

Steve war es wichtig, den Menschen die beste User Experience zu bieten und sie mit Software, Hardware und

Services zu versorgen, die es ihnen ermöglichen sollten ihre kreativen Ideen Wirklichkeit werden zu lassen.

Wohin gegen Bill davon beseelt war, jeden Schreibtisch auf dem Planeten mit einem Computer auszustatten. Jeder sollte den Zugang zu einem Computer haben.

Und die Menschen kauften von Steve beziehungsweise Bill, weil sie sich mit der jeweiligen Geschichte identifizierten.

Welche Geschichte erzählt Dein Unternehmen?

3.3

Software ist die neue Verteidigung

„Software is eating the world.“

Während der Corona-Pandemie bewiesen Tech- und Softwareunternehmen Eigenschaften, die man zuvor nur Unternehmen mit konservativen Geschäftsmodellen zugeschrieben hätte. Die Pandemie hat meine Sichtweise auf krisenfeste Geschäftsmodelle jedenfalls vollständig verändert. In diesem Kapitel möchte ich meine Erkenntnisse als Investor mit Dir teilen.

Als sich bei der Corona-Pandemie im November 2020 ein Silberstreif am Horizont abzeichnete, Pfizer und BioNTech verkündeten, dass sie einen vielversprechenden Durchbruch bei der Impfstoffentwicklung hatten, atmete die ganze Welt ersichtlich durch. Und mit ihr die Börse. Dabei bescherten insbesondere die durch die Pandemie gepeinigten Unternehmen wie Airlines, Automobilhersteller oder Öl-Unternehmen ihren Eigentümern ein Kursfeuerwerk und viele wetteten schon auf eine zügige Erholung der Wirtschaft.

Doch gleichzeitig lohnte sich ein Blick auf die Monate davor, die die Welt, wie manche meinen, nachhaltig verändert haben. Monate, die nicht nur unseren Blick auf das Leben als solches veränderten, sondern auch die Sichtweise, wie Investoren die Geschäftsmodelle ihrer Unternehmen sehen sollten.

Im Zuge des ersten Lockdowns offenbarte die Corona-Pandemie eine große Schwäche von Unternehmen, die von vielen Investoren zuvor für krisenfest und konjunkturunabhängig gehalten wurden. Allen voran handelte es sich um Unternehmen mit planbaren Erträgen, einer soliden Finanzierung und einem eigentlich krisenfesten Geschäftsmodell wie Fielmann (Megatrend Demografie) oder Freenet (Kommunikation). Wie gesagt, solide finanziert, beständige Erträge und hohe Ausschüttungsquoten.

Die einzige Schwäche vor dem Hintergrund einer Pandemie ist, dass diese Unternehmen für den Absatz ihrer Produkte auf ein Filialnetz angewiesen sind. Und eben diese Filialen mussten im Zuge des Lockdowns weitestgehend schließen, wodurch der analoge Absatzweg mit einem Mal abgeschnitten wurde.

Zwar erholten sich die Aktienkurse der besagten Unternehmen nach der Pandemie weitestgehend wieder, jedoch konnten sie mit dem Kursfeuerwerk der Tech- und Softwareunternehmen wie Amazon, Shopify, Apple, Nvidia oder Adobe kurz nach dem Lockdown nicht mithalten. Als es der Börse dämmerte, wer von den Lockdowns profitieren würde, schossen die Kurse dieser Unternehmen in die Höhe und ließen die *„defensiven“* Titel weit hinter sich.

So legte beispielsweise die Fielmann-Aktie von Februar 2020 bis Februar 2021 eine Wurzelkurven-Entwicklung hin und lag ein Jahr nach dem Lockdown nach wie vor deutlich unter dem Höchstkurs von 75 Euro (kurz vor dem Lockdown), nämlich bei 65 Euro. Im gleichen Zeitraum legte die Nvidia-Aktie ein Kursfeuerwerk von 73 Prozent hin und notiert mit 123 Euro (19.02.2021) deutlich über dem Höchstkurs kurz vor dem Lockdown (71 Euro, 20.02.2020).

Nur wenige Monate später, am 29.11.2021, erreichte die Aktie mit 296 Euro ihren bis dato höchsten Schlusskurs. Das sind sage und schreibe 316 Prozent in unter zwei Jahren. Wohingegen Fielmann am 29.11.2021 mit 60 Euro den Handel beendete. Einen ähnlichen Verlauf wie den von Nvidia legten auch die Aktien von Amazon, Apple oder Shopify hin.

Hintergrund dieser Kursfeuerwerke war unter anderem die Tatsache, dass während der Corona-Pandemie viele Unternehmen die längst überfälligen Investitionen in ihre IT-Infrastruktur nachholten und gleichzeitig die schwierige Situation nutzten, um ihr Geschäftsmodell zu digitalisieren und ins Internet zu verlegen. Dies verschaffte den Unternehmen aus der Tech- und Softwarebranche einen Umsatzschub, da ihre Produkte und Dienstleistungen verstärkt nachgefragt wurden.

Experten sprachen davon, dass die Pandemie die Digitalisierungsinvestitionen der kommenden Dekade auf wenige Monate raffte. Was jedoch nicht der Fall ist. Neue Laptops, Server und ein Online-Shop sind Basics, die für die Digitalisierung benötigt werden, jedoch nicht das, was unter Digitalisierung eigentlich zu verstehen ist. Nämlich intelligente und vernetzte Systeme. Hier haben wir noch eine Menge zu tun.

Bis hierhin kann man jedoch festhalten, dass die Pandemie die bislang unbekannten Schwächen der defensiv ausgerichteten Unternehmen offenbarte und zum anderen die Basic-Digitalisierung der Wirtschaft beschleunigte. Gleichzeitig konnte man bei den Profiteuren der Pandemie eine bislang von vielen übersehene Stabilität des Geschäftsmodells beobachten.

Bis hierher dachte man, dass insbesondere Softwareunternehmen es in einer Krise schwer haben würden, weil Kunden Anschaffungen aussetzen oder weniger konsumieren würden. Doch in den letzten 20 Jahren vollzogen die Softwareunternehmen eine Transformation ihres Geschäftsmodells. Weg vom einmaligen Verkauf von Software hin zu einem Abo-Modell, was das Portemonnaie der Kunden schont und gleichzeitig ein Aussetzen der Anschaffungen weitestgehend verhindert.

Wir alle kennen dieses Phänomen von den Fitness-Club-Mitgliedschaften. Zum Anfang des Jahres schnellen diese hoch, weil sich die Leute als Neujahresvorsatz vornehmen, mehr Sport zu treiben. Übers Jahr gesehen bleibt jedoch nur ein Bruchteil am Ball. Die Mitgliedschaft läuft trotzdem weiter. Die Hürde, ein einmal abgeschlossenes Abo zu kündigen, ist doch höher als gedacht. Vielleicht geht man ja doch noch hin, in den Club.

Der Vorteil von Software ist, dass sie einmal entwickelt und dann an Millionen von Kunden gleichzeitig ausgeliefert werden kann. Darüber hinaus macht das Abo-Modell die Erträge der Softwareunternehmen planbarer. Eine Eigenschaft, die bisher nur mit *„defensiven"* Werten verknüpft wurde. Ein weiterer Vorteil liegt im Absatzweg. Anders als beim Filialgeschäft, das von dem Lockdown massiv getroffen wurde, wird Software in der Regel über das Internet ausgeliefert.

So musste beispielsweise Fielmann während des Lockdowns teilweise über 80 Prozent Umsatzeinbußen einstecken, während der Umsatz des Internetriesen Amazon um 40 Prozent zulegte. Sicherlich ist Amazon kein reines Softwareunternehmen mehr, jedoch basiert der Absatzkanal des Unternehmens auf dem Internet und ein weiterer Werttreiber, die Cloud, wurde während der Pandemie ebenfalls stark nachgefragt. Was übrigens mit einer der Gründe ist, warum Nvidia so durch die Decke ging. Die Grafikkarten der Kalifornier werden unter anderem in Rechenzentren (Cloud) genutzt.

Auch wenn das Gros der Investoren die Aktien von Amazon, Nvidia, Adobe & Co. aktuell mit einer hohen Volatilität in Verbindung bringen, entwickelten diese Unternehmen in den letzten Jahren Eigenschaften, die auch von konservativen Investoren geschätzt werden. Zu diesen Eigenschaften gehören unter anderem beständige und insbesondere planbare Erträge, eine solide Finanzierung mit Eigenkapitalquoten von bis zu 70 Prozent, hohe zweistellige Margen (Sicherheitspuffer), ein langfristig positiver Ausblick und, wie wir heute wissen, ein krisenfestes Geschäftsmodell.

Seit vielen Jahren gilt für die Tech- und Softwarebranche ein Zitat des Netscape Gründers Marc Andreessen als inoffizielles Motto: *„Software is eating the world."* Die Corona-Pandemie hat uns gezeigt, dass Software jedoch weit mehr als das tut beziehungsweise ist:

Software ist Verteidigung.

Software ist Angriff.

Software ist Absatzweg.

Software ist Produkt.

Software ist Dienstleistung.

Software ist Wachstumschance.

Software ist Upgrade.

Software ist Mehrwert.

Software ist Umsatztreiber.

Software ist …

Es muss nicht gleich der große Wurf sein, aber eine Überlegung ist *„Software“* allemal wert. Und von den Großen kann man sich allerhand abschauen. Mein Lieblingsbeispiel in diesem Zusammenhang kennst Du bereits. Ich sage nur Amazon des Stahlhandels.

To Do (A):

Was ist Software für Dein Unternehmen?

To Do (B):

Was könnte Software für Dein Unternehmen sein?

3.4

Innovation = Copy and Paste

Die Erfindungen anderer groß herausbringen

Allzu oft bewundern wir Einzelpersonen, die mit ihrer Genialität scheinbar im Alleingang die Welt revolutionierten. Doch wenn man hinter den Vorhang blickt, dann erkennt man, dass sie das mit Nichten allein geschafft haben und dass auch die revolutionären Ideen oftmals gar nicht von ihnen selbst stammten, sondern sie diese einfach kopierten oder aber bei anderen ausliehen.

So hat Steve Jobs, anders als es die meisten glauben, den iPod nicht selbst erfunden. Die originäre Idee hatte Tony Fadell, der als freier Berater im IT-Bereich tätig war. Er entwickelte die Idee vom iPod, der an einen Musikshop angebunden ist, den späteren iTunes-Store, und trat damit Anfang 2001 an Apple heran. Steve gefiel die Idee und er stellte Tony ein Entwickler-Team von Apple zur Seite.

Neben Apple waren an der Entwicklung des iPods unter anderem auch die Unternehmen IDEO, Connectix, General Magic, WebTV, Philips, Wolfson, Toshiba und Texas Instruments beteiligt. Die iPod Erfolgsstory wurde also von einem diversen Team geschrieben und Steves Anteil daran war, dass er all die kreativen Leute zusammengebracht hat. Und natürlich die Idee von Tony nicht als Blödsinn abgetan hat.

Übrigens, auch das Audiodateiformat mp3, mit dessen Hilfe der iPod tausende von Songs in hoher Qualität speichern kann, ist keine Erfindung von Apple. Das Fraunhofer-Institut für Integrierte Schaltungen (IIS) war maßgeblich an der Entwicklung des mp3-Formats beteiligt. Im Vergleich zum Original benötigt eine mp3-Datei nur rund zehn Prozent des Speicherplatzes. Ein moderner mp3-Player kann so, je nach Speichergröße, zwischen 2.000 und 200.000 Minuten Musik speichern. Das sind über 130 Tage ununterbrochene Musikwiedergabe.

Die ursprüngliche Idee entstand an der Universität Erlangen-Nürnberg. In Zusammenarbeit mit dem IIS in Erlangen wurde dann ab 1987 die Idee mit einem großen Team zum Erfolg geführt. Das Fraunhofer-Institut generierte mit dieser Idee etwa zehn Millionen US-Dollar Umsatz pro Jahr an Lizenzgebühren. Nur drei Jahre nachdem Apple iPod und iTunes auf den Markt brachte, beide Produkte nutzen das mp3-Format, erzielte Apple etwa zehn Milliarden US-Dollar Umsatz pro Jahr. An diesem Beispiel zeigt sich, welche weitreichenden finanziellen Folgen die Auswahl eines passenden Geschäftsmodells haben kann.

Ein anderes Beispiel ist Elon Musk, der sich nach dem Verkauf von PayPal der Transformation der Autobranche hin zur Elektromobilität annahm. Auch er erfand die Technologie, die ihm letztlich den Durchbruch brachte, nicht selbst und schon gar nicht allein. Er schaute sich einfach auf dem Markt um und stellte fest, dass der Lithium-Ionen-Akkumulator am besten seinen Bedarf befriedigen konnte.

Anschließend stellte er ein Team auf, das die einzelnen Akkus zu einem großen Akku-Paket zusammenschaltete und mit Software beherrschbar machte. Das Akku-Paket wurde dann in eine Karosserie eingebaut, die unverkennbar die Designhandschrift des Sportwagenherstellers Lotus trägt. Was auch so ist, denn sie wurde zusammen von AC Propulsion und Lotus entwickelt.

Es kann gut sein, dass Elon sich an dem Vorgehen von Adolf Müller ein Beispiel nahm. Dieser gründete im Dezember 1887 die Accumulatoren-Fabrik Tudor'schen Systems Büsche & Müller oHG, aus der später das Unternehmen Varta hervorging, das heute an der Börse notiert ist und nach Jahren der Vergessenheit wieder die

Aufmerksamkeit der Börse genießt. Adolf selbst lernte auf einer Reise den Erfinder Henri Owen Tudor kennen. Dieser war davon beseelt seinen landwirtschaftlichen Betrieb nachhaltig sowie autark zu gestalten und erfand den ersten brauchbaren Bleiakkumulator, der später als der Tudor-Akku in die Geschichte einging.

Während Henri jedoch an der kommerziellen Nutzung der Technologie kein Interesse zeigte, ergriff Adolf die Chance seines Lebens, nachdem er den landwirtschaftlichen Betrieb von Henri besucht und sich alles genau zeigen lassen hatte. Er hatte die Überlegenheit der Turdor'schen Großoberflächenelektrode über die anderen Akkumulatoren-Bauarten klar erkannt. Der Erfolg stellte sich schnell ein. Unter anderem durch die Lieferung von Akkumulatoren an so hochkarätige Kunden wie die Edison-Zentralen in Boston und Brooklyn sowie durch langfristige Verkaufsverträge mit Siemens und AEG.

Klar, einfach Copy and Paste ist Innovation dann doch nicht. Die hier von mir gebrachten Beispiele machen jedoch deutlich, dass die erfolgsversprechenden Ideen im kommerziellen Sinne nicht zwangsläufig von einem selbst kommen müssen. Stattdessen kommt es auf gänzlich andere Qualitäten an: Mut, Entschlossenheit, Orchestrierung von Teams und die Bereitschaft Risiken einzugehen.

To Do (A):

Wie generierst Du beziehungsweise Dein Unternehmen neue Ideen? Wie werden diese Ideen bewertet?

To Do (B):

Entwickle eine kreative Systematik, mit deren Hilfe Du neue Ideen generieren und bewerten kannst. Wie so etwas aussehen kann, erfährst Du im nachfolgenden Kapitel.

3.5

Fremdgehen lohnt sich

Mütter mit Kindern kennen andere Mütter mit Kindern

Porschefahrer kennen andere Porschefahrer

Wann bist Du das letzte Mal fremdgegangen? Eine unanständige Frage? Ja, vielleicht. Aber was geht Dir jetzt als erstes durch den Kopf? Fragst Du Dich vielleicht, wie ich so etwas überhaupt fragen kann? Oder wägst Du vielleicht gerade das Für und Wider einer solchen Aktion ab?

Was auch immer Du gerade denkst, ich kann Dir berichten, dass sich das Fremdgehen für Dich lohnen wird und ziemlich aufregend sein kann. Und das Beste ist, dass Du dabei keinerlei Angst haben musst, in flagranti erwischt zu werden. Denn genau das ist erwünscht, jedenfalls bei der Art des Fremdgehens, die ich Dir vorschlagen möchte.

Du wirst es bereits ahnen. Wir bewegen uns hier natürlich im Innovationskontext. Im Kern geht es darum das persönliche Silodenken zu verlassen, indem man loszieht, um in fremden Gebieten nach frischen Ideen zu wildern, die man anschließend im eigenen Unternehmen umsetzen kann. Es geht also darum, von branchenfremden Unternehmen zu lernen, wie sie ähnliche Probleme gemeistert haben.

Wieso das ein vielversprechendes Vorgehen ist, zeigt wiederum eine Bestandsaufnahme unseres persönlichen Freundeskreises. Hierzu möchte ich Dich zu einer kurzen Übung einladen. Nimm Dir bitte ein paar Minuten Zeit, dazu ein Blatt Papier sowie einen Stift und notiere Deine fünf engsten Kontakte (jeweils fünf private und fünf berufliche). Das sind Menschen, mit denen Du den Großteil Deiner Zeit verbringst.

Hast Du die Übung gemacht? Sehr schön. Schau Dir die private Liste nun etwas genauer an. Mit einer hohen Wahrscheinlichkeit hast Du auf dieser Liste Menschen notiert, die sich in einer ähnlichen Lebensphase befinden wie Du.

Darüber hinaus werden sich diese Menschen wahrscheinlich auch in einer ähnlichen Familienkonstellation befinden. Wie sieht es mit dem Auto und der Wohnsituation aus? Wie sieht es mit den Reisezielen und den Freizeitbeschäftigungen aus? Wie sieht es mit dem Musikgeschmack aus oder den Filmen, die sie sich anschauen? Findest Du bereits erste Übereinstimmungen? Wie sieht es mit den Werten, Weltansichten und der Glaubensrichtung aus?

Die Wahrscheinlichkeit ist sehr hoch, dass Du in diesen Bereichen eine große Schnittmenge mit diesen Menschen aufweist. Bei beruflichen Kontakten ist das ähnlich. Mit einer hohen Wahrscheinlichkeit hast Du Menschen auf Deiner beruflichen Liste stehen, die in etwa genauso viel verdienen wie Du. Wie sieht es mit dem Beruf aus, den diese Menschen ausüben? Was ist mit dem beruflichen Kleidungsstil? Und so weiter und so weiter.

Die Wissenschaft führt dieses Phänomen auf die sogenannten Spiegelneuronen zurück. Spiegelneuronen sind ein Resonanzsystem in unserem Gehirn, das uns Gefühle und Stimmungen anderer Menschen unbewusst empfangen lässt. Doch nicht nur das. Wir verspüren auch sofort den Wunsch nach Anpassung und handeln im Umkehrschluss so, wie es unser Gegenüber auch tut. Wenn er traurig ist, dann löst das in uns ebenfalls Traurigkeit aus. Und wenn derjenige Freude verspürt, dann empfinden wir auch Freude.

Am besten lässt sich das mit einem Vergleich aus der Musik beschreiben. Eine einmal angeschlagene Gitarrenseite bringt die anderen Seiten zum Schwingen. In diesem Zusammenhang spricht man auch von der sogenannten

Resonanz. Dies lässt sich auch bei uns Menschen beobachten:

- Mütter mit Kindern kennen andere Mütter mit Kindern
- Porschefahrer kennen andere Porschefahrer
- Handwerker kennen andere Handwerker

Wir suchen uns beinah automatisch die zu uns am besten passenden Menschen beziehungsweise Menschengruppen aus. Dieses Verhalten hat mehrere Gründe. Zum einen empfinden wir Verbundenheit, was uns ein gutes Gefühl gibt, da es uns wissen lässt, dass wir mit unseren Ansichten nicht allein sind und es Menschen gibt, die uns verstehen. Darüber hinaus empfinden wir in einer Gruppe Sicherheit und die damit einhergehende Kontrolle über die äußeren Umstände.

Diese Vorteile erkaufen wir uns jedoch durch einen wichtigen Nachteil. So ist es uns quasi unmöglich, eine tatsächlich objektive Meinung zu einer Sache zu haben. Als Fußballfan wirst Du das kennen. Ein von der eigenen Mannschaft ausgeführtes Foul an einem Gegenspieler wird von uns in der Regel als Schwalbe des Gegenspielers ausgelegt und wenn das Ganze andersherum läuft, dann wird es von uns als ein eindeutiges Foul an unserem Spieler klassifiziert. Spätestens hier offenbart sich das klassische Silodenken von uns Menschen.

Was im Privatleben ganz nett zu wissen ist, ist für den Innovationskontext umso relevanter, denn schließlich geht es ja darum neue Ideen zu generieren, die den Fortbestand des Unternehmens sichern. Daher möchte ich Dir nachfolgend drei Kreativ-Methoden vorstellen, wie Du dem

Silodenken entgehen und neue Ideen generieren kannst. Denn wer sich verändern möchte, sollte nicht den ganzen Tag die gleichen Leute sehen.

In fremden Gebieten wildern

Als die Verantwortlichen des niedersächsischen Lattenrostherstellers Thomas GmbH + Co. Sitz- und Liegemöbel KG darüber nachdachten, wie sie ihre Fertigung für das neuentwickelte Produkt Lattoflex® am besten neuorganisieren und weitestgehend automatisieren sollten, kam ihnen eine Idee. Warum nicht von denen lernen, die bereits heute über die automatisiertesten Fertigungslinien der Welt verfügen? Und so machten sie sich auf die Suche nach diesen branchenfremden Unternehmen. Fündig wurden sie dann in der Automobilindustrie. Nach deren Vorbild organisiert das Unternehmen heute seine Fertigung.

Wenn Du das nächste Mal über eine Lösung für ein Problem nachdenkst, dann schau doch einfach mal in einer anderen Branche nach. Ich kann mir gut vorstellen, dass es auf der Welt jemanden gibt, der Dein Problem bereits gelöst hat oder zumindest Teile davon. Was beispielsweise die Geschäftsmodellinnovation angeht, beschreibt Prof. Oliver Gassmann, dass diese häufig durch ein Übertragen eines Geschäftsmodelles aus einer Branche in eine andere Branche vonstattengeht.

Eintauchen in neue Welten

Ähnlich gehst Du vor, wenn Du in für Dich neue Welten eintauchst. Das kann der Besuch eines Museums sein oder ein gänzlich anderes Reiseziel, anstatt der Stammresidenz auf Mallorca. Oder wie wäre es, wenn Du Dich bei den sozialen Medien Deiner Kinder anmeldest, denn diese benutzen ganz andere Apps als Du. Vielleicht nimmst Du aber auch einfach mal eine alternative Fahrstrecke oder ein alternatives Transportmittel zu Deinem Arbeitsplatz oder gehst einfach mal mit einem Arbeitskollegen aus einem anderen Bereich zum Mittagessen. Oder wie wäre es mit einem gänzlich anderen Film- oder Musikgenre? Oder mit einer Teilnahme an einem Fellowship Programm, in dessen Rahmen Du in einem Startup arbeitest? Die dort gesammelten Erfahrungen trägst Du wieder in Dein Unternehmen hinein.

Ziel dieser Methode ist es nicht ein bestimmtes Problem zu lösen, sondern viel mehr die Fähigkeit zu trainieren, regelmäßig nach links und nach rechts zu schauen, denn auch dort liegen interessante Sachen versteckt. Je öfter Du das machst, desto mehr wird es für Dich zur Gewohnheit *„außerhalb der Box zu denken"*, wie man so schön sagt.

Work out loud

Bei dieser Methode geht es darum, die eigenen Arbeitsinhalte regelmäßig vor dem Team zu pitchen, auch wenn es noch keine konkreten Ergebnisse gibt. Deine Kollegen, die sich nicht so eingehend mit Deinen Arbeitsinhalten beschäftigt haben, haben einen ganz anderen Blickwinkel auf diese und sind dadurch in der Lage interessante Impulse zu geben. Und wer weiß, vielleicht findest Du so sogar Mitstreiter, die Dich bei der Umsetzung Deiner Ideen unterstützen.

Wenn Du das richtig machen willst, dann suchst Du Dir am besten kreative Kollegen aus. Diese sind nämlich mit kreativen Entstehungsprozessen vertraut und haben gleichzeitig durch ihre Distanz einen ganz anderen Blick auf Deine Ideen. So können sie den Erfolg Deiner Idee am treffsichersten vorhersagen. Auch solltest Du am Anfang einen großen Bogen um Deine Vorgesetzten machen, wie die nachfolgenden Forschungsergebnisse von Justin M. Berg, Professor an der Stanford Graduate School of Business, zeigen.

Justin hat in seiner 2016 veröffentlichten Studie *Balancing on the Creative Highwire: Forecasting the Success of Novel Ideas in Organizations* eindrucksvoll nachgewiesen, dass insbesondere kreative Kollegen den Erfolg einer Idee viel besser einschätzen können als die Vorgesetzten.

Für seine Studie hat er sich ein ganz besonderes Forschungsumfeld ausgesucht, die Zirkusbranche. Es gelang ihm, weltweit 339 Zirkus Profis für seine Studie zu gewinnen. Die Artisten, die gerade dabei waren, neue Kunststücke zu entwickeln, konnte er dazu bringen diese auf Video aufzunehmen, um sie später über 13.000 Zuschauern vorzuspielen und deren Reaktionen auf die Kunststücke zu ermitteln.

Zuvor ließ er die Artisten ihre Kunststücke jedoch selbst bewerten. Die Frage, die es dabei zu beantworten galt, lautete: Welche Kunststücke würden am besten beim Publikum ankommen und welche würden eher durchfallen? Die schlechtesten Einschätzungen lieferten die 120 Profis, die ausschließlich als Zirkus Manager arbeiteten, knapp gefolgt von den Profis, die ihre eigenen Ideen am besten bewerteten.

Mit Abstand am treffsichersten waren jedoch die Artisten, die die Kunststücke ihrer Kollegen bewerteten. Justin führte dies auf die Tatsache zurück, dass sie zum einen mit dem kreativen Entstehungsprozess vertraut sind, gleichzeitig jedoch die notwendige Distanz wahren können, um sich nicht in die Idee zu verlieben.

Abschließen möchte ich dieses Kapitel mit einer Beobachtung, die ich bereits vor Jahren machen durfte. Anleger, die in Aktien investieren, prüfen fast täglich die Kurse ihrer Positionen. Immer und immer wieder rufen sie die Aktienkurse der ihnen bereits bekannten Unternehmen auf. Es gibt eine tiefgründige Anekdote, die dieses Verhalten in Frage stellt und sie geht so:

Ein Mann sucht nachts nach seinem verlorenen Schlüssel. Immer und immer wieder untersucht er den ausgeleuchteten Bereich unter einer Straßenlaterne. Plötzlich kommt ein Passant vorbei und fragt ihn, was er denn da tut und ob er Hilfe braucht. Der Mann antwortet, dass er nach seinem Schlüssel sucht und dass er die ihm angebotene Hilfe gerne annimmt. Also suchen die beiden zusammen unter der Straßenlaterne nach dem Schlüssel. Nach einer Weile fragt der Passant: *„Wo haben Sie den Schlüssel denn verloren?“* *„Dort drüben im Gebüsch.“*, antwortet der Mann. Woraufhin der Passant verwundert fragt: *„Ja, aber warum suchen Sie denn dann nicht im Gebüsch nach dem Schlüssel?“* *„Weil es dort dunkel ist.“*, antwortet der andere und setzt seine Suche unter der Straßenlaterne fort.

Um dies zu vermeiden, nehme ich beispielsweise regelmäßig an dem Anleger Forum der Schutzgemeinschaft der Kapitalanleger (SdK) teil, auf dem sich unterschiedliche Aktiengesellschaften vorstellen, um neue Impulse und Ideen für meine zukünftigen Investitionen zu erhalten. Neue Chancen und Möglichkeiten liegen außerhalb des uns Bekannten. So ist es, nicht nur an der Börse.

To Do (A):

Wer sich verändern möchte, sollte nicht den ganzen Tag die gleichen Leute sehen.

To Do (B):

Entwickle eine Systematik, mit deren Hilfe Du regelmäßig in den Kontakt mit neuen Ideen kommst.

To Do (C):

Challenge Deine neuen Ideen mit Hilfe von kreativen Kollegen.

3.6

Wertschöpfung im 21. Jahrhundert

Es geht um Aufmerksamkeit und Empathie

Ich beschäftige mich nunmehr seit über sieben Jahren mit der Digitalisierung und bin an einem Punkt angelangt, an dem ich feststelle, dass sich mittlerweile alles Mögliche digitalisieren lässt. Angefangen bei den internen Prozessen eines Unternehmens bis hin zur digitalen Markterschließung. Bei oberflächlicher Betrachtung kommt man sogar zu dem Schluss, dass sich die Wertschöpfung immer mehr in den virtuellen Raum verlagert und die reale Welt in den Hintergrund gerät.

Der Film *Ready Player One* gibt uns einen guten Eindruck davon, wie sich der Schwerpunkt unseres menschlichen Daseins immer mehr von der realen in die virtuelle Welt (Stichwort: Metaverse) verlagern könnte. Die Metaverse-Aktivitäten von Meta (ehemals Facebook) und Microsoft zeigen, dass auch die großen Digitalkonzerne Interesse an der Verschmelzung der realen und virtuellen Welt haben. Beide Unternehmen planen ein sogenanntes Metaversum. Während Microsoft zunächst den Fokus auf die Arbeitswelt setzt, hat Meta den Freizeitbereich im Blick.

Noch ist das alles Zukunftsmusik, doch bereits heute verdienen Unternehmen mit einem Plattformgeschäftsmodell den Großteil des Kuchens, der eigentlich auf einer physischen Wertschöpfung basiert. Wenn ich beispielsweise heute nach einer Unterkunft in einer mir unbekannten Stadt suche, weil ich dort kommende Woche eine Keynote zur Transformation der Wertschöpfung halte, dann rufe ich als erstes eine der vielen Plattformen aus dem Beherbergungsgewerbe auf.

Anschließend suche ich mir dort ein Hotel aus, das meiner Vorstellung entspricht und buche ein Zimmer. An dieser Transaktion verdienen die Plattformen einen in der Regel zweistelligen prozentuellen Betrag, und das ohne ein eigenes Hotel zu besitzen.

Die reale Wertschöpfung findet natürlich erst am Ort des Geschehens statt. Und das ist für mich als Gast der entscheidende Moment. Denn in diesem Moment entscheidet es sich, ob ich das nächste Mal erneut über eine Plattform mein Zimmer buche, oder ob ich direkt über die Website des Hotels gehe. Ich spreche hier von dem Moment am Hoteleingang, wenn mir der Hotelpage die Eingangstür öffnet. Ok, stimmt. Die Eingangstür wird mittlerweile von einem Roboter automatisch geöffnet, wenn ich darauf zugehe. Aber dann ist es eben der Moment an der Rezeption, der entscheidet.

„Einen wunderschönen guten Abend, Herr Redekop! Ich freue mich sehr, Sie in unserem Haus begrüßen zu dürfen. Herr Redekop, während Sie sich bei uns kurz registrieren, können wir gerne Ihr Gepäck übernehmen. Ich habe mir auch die Freiheit genommen, Ihnen ein ganz besonders ruhiges Zimmer auf der Rückseite des Hotels zu reservieren, da Sie angegeben haben, dass Sie morgen eine wichtige Keynote halten." Bereits hier denke ich mir: *„Wie aufmerksam. Hier wird mitgedacht."*

Und es geht noch weiter: *„Herr Redekop, ich sehe gerade, dass Ihr Sakko einen Fleck hat. Ist das das Sakko, das Sie morgen auch beim Auftritt zu tragen beabsichtigen? Ich kann es gerne über Nacht für Sie reinigen lassen."* Und ich so: *„Ja, gerne."* Und dann: *„Herr Redekop, wenn Sie noch irgendeinen Wunsch haben, so scheuen Sie sich nicht, mich zu kontaktieren. Und noch einmal, herzlich willkommen in unserem Haus."*

Wow! Welch ein Moment. Übertreibe ich? Ein bisschen vielleicht. Aber schließlich geht es hier um die Wertschöpfung und damit um den Erfolg eines Unternehmens und der damit verbundenen Arbeitsplätze. Was in diesem Beispiel zum Tragen kommt, sind zwei zentrale Bestandteile der Wertschöpfung in jedem Business. Es geht um Aufmerksamkeit und Empathie.

Erlaube mir an dieser Stelle etwas zu witzeln. Während Frauen mit Empathie scheinbar zur Welt kommen und diese intuitiv einzusetzen wissen, müssen Männer das Wort erst nachschlagen, um zu verstehen, was es überhaupt bedeutet. Meine lieben Männer, Empathie bedeutet Einfühlungsvermögen: Die Fähigkeit und Bereitschaft sich in die Situation des Gegenübers hineinzuversetzen. Und das ist entscheidend, ganz gleich, ob Du Dein Geld mit realen oder virtuellen Geschäftsmodellen verdienst.

Du erinnerst Dich: Menschen wollen menschliche Erfahrungen machen. Wenn ich im Hotel einchecke, dann will ich als Mensch wahrgenommen werden und nicht als eine weitere Nummer auf dem Bildschirm der Rezeption. Doch das geht nur, wenn die Person hinter der Rezeption ebenfalls als Mensch wahrgenommen wird und nicht als Ressource, die man verbraucht.

Jeder von uns hat seine unterschiedlichen Bedürfnisse und Päckchen, die wir mit uns tragen und wir alle wollen menschlich behandelt werden. Menschen begegnen anderen Menschen mit Menschlichkeit, wenn sie selbst als Menschen wahrgenommen werden. Wohingegen verletzte Menschen andere Menschen verletzen. Dies führt mich zum wichtigsten Asset eines Unternehmens: den Mitarbeitern. Doch dazu mehr im nächsten Kapitel.

To Do:

Trainiere Deine Fähigkeit zur Empathie und Aufmerksamkeit. Erinnerst Du Dich an den ehemaligen FBI-Verhandlungsführer Chris Voss von weiter oben? Er hat ein einfaches Vorgehen entwickelt, mit dessen Hilfe wir andere Menschen besser verstehen können:

1. Wiederhole die letzten beziehungsweise die wesentlichen Worte Deines Gegenübers. Dadurch baust Du zu Deinem Gegenüber eine Beziehung auf. Wenn Dein Gegenüber sagt: *„Drucken Sie mir bitte drei Kopien von der E-Mail aus."* Dann wiederholst Du fragend: *„Drei Kopien?"* Entweder wird Dir Dein Gegenüber erklären, warum er drei Kopien braucht oder aber er kommt zu dem Schluss, dass drei Kopien wohlmöglich unnötig sind. So oder so wirst Du Dein Gegenüber besser verstehen.
2. Benenne, was Du beobachtest, mit Hilfe der folgenden Formulierungen: *„Es scheint, als ob ..."*, *„Es sieht so aus, als ob ..."* oder *„Es hat den Anschein, als ob ..."* Diese vermitteln Deinem Gegenüber Empathie.
3. Nutze Wie- und Was-Fragen, um gezielt nachzufragen. Vermeide Warum-Fragen. Diese hören sich in jeder Sprache wie ein Vorwurf an.

3.7

Personal: Kapital-Investment Nr. 1

„Mitarbeiter sind kein Kostenfaktor!“

„We have a People Department. That´s what it deals with. So don´t call it Human Resources.“

„Training, TRAINING, and M-O-R-E T-R-A-I-N-I-N-G.“

Betrachtet man die Gewinn- und Verlustrechnung von Unternehmen, dann stellt man fest, dass der wichtigste Wert, den ein Unternehmen hat, und alles, was damit zusammenhängt, unter dem Punkt Personalkosten verbucht wird. Dabei sind es gerade die Menschen, die alles im Unternehmen am Laufen halten und letztlich für den Erfolg des Unternehmens verantwortlich sind. Wie kann der Mensch also ein Kostenfaktor sein?

Einer, der es besser machte, ist der verstorbene dm Drogeriekettengründer Götz Werner. Er sagte: *„Von Personalkosten zu sprechen, ist widersinnig. Mitarbeiter sind kein Kostenfaktor!"* Der ebenfalls bereits verstorbene Gründer und langjährige CEO von Southwest Airlines Herb Kelleher unterstreichte diese Aussage, als er sagte: *„We have a People Department. That's what it deals with. So don't call it Human Resources."* Für Herb standen seine Mitarbeiter an erster Stelle, anschließend kamen die Kunden und dann erst die anderen Interessensvertretungen.

Diese Aussagen von Führungskräften, die in ihrer jeweiligen Branche den Takt angaben, machen deutlich, was es braucht, wenn Unternehmen Transformationen jeglicher Art erfolgreich meistern wollen. Es braucht nämlich eine ganz andere GELEBTE Perspcktive auf Mitarbeiter. Eben nicht als Kostenfaktor, sondern als das Kapital-Investment Nummer eins, das ein Unternehmen schlichtweg tätigen kann.

Das ist eine Perspektive, die motiviert und Sinn stiftend ist und die letztlich dazu führt, dass Menschen über sich hinauswachsen, wovon jedes Unternehmen nur profitieren kann. Hier sind sich alle führenden Experten sowie Unternehmenslenker einig. Egal welche Veranstaltung man zu den diversen Megatrends und Transformationen des 21. Jahrhunderts besucht, der Schlüssel zum Erfolg ist und bleibt der Mensch. Und das ganz gleich wie gut oder schlecht die Ausgangssituation auch sein mag, wie das nachfolgende Beispiel zeigt.

Auf den Überfall der Japaner auf Pearl Harbor war die U.S. Navy unzureichend vorbereitet. Nach diesem traumatisierenden Ereignis entwickelte der damalige Commander-in-Chief der Pazifikflotte Admiral Chester Nimitz eine Art Mantra für die schwierigen Wochen, die damals vor der US-Pazifikflotte lagen:

„Training,

TRAINING,

and M-O-R-E

T-R-A-I-N-I-N-G.“

Laut Chester war das Training der Soldaten das Einzige, was der Pazifikflotte in den ersten Wochen nach Pearl Harbor blieb, nachdem der Großteil ihrer Schiffe schwer beschädigt und versenkt auf dem Grund des Hafens lag. Mit anderen Worten, die U.S. Navy investierte massiv in ihr wichtigstes Asset: Die Frauen und Männer, die alles am Laufen hielten.

Und was für die U.S. Navy in einer derart schwierigen Ausgangssituation galt, das gilt auch für eine zehnköpfige Marketingagentur, oder für ein 25-köpfiges IT-Systemhaus, oder für einen mittelständischen Maschinenbauer mit 100 Beschäftigten, oder, oder, oder.

Das Erfolgsrezept, das Götz, Herb und Chester immer wieder nutzten, könnte also so lauten:

Vorbereitung + Gelegenheit = Ungeahnte Ergebnisse

dm ist gemessen am Umsatz (13,6 Milliarden Euro 2021/22) die größte deutsche Drogeriemarktkette und hat in Sachen Personal, Nachhaltigkeit und Kundenorientierung neue Maßstäbe gesetzt, die weit über die Branchengrenzen reichen.

Southwest Airlines ist das profitabelste Unternehmen der Branche und führte 2021 mit einer Kapazität von 168,8 Millionen Sitzplätzen das Ranking der weltweit größten Fluggesellschaften an. Während der Hochsaison finden täglich über 3.000 Abflüge statt. Herb Kellehers Mantra: Mitarbeiter zuerst.

Und die US-Pazifikflotte erlangte ihre Stärke wieder und wuchs im zweiten Weltkrieg über sich hinaus.

Dieses Kapitel abschließen möchte ich mit einem Zitat von Richard Branson:

„Train people well enough so they can leave, treat them well enough so they don't want to."

Er, als Gründer und Eigentümer von über 400 Unternehmen, wird es wohl wissen.

Du auch?
Was tust Du dafür?

Jetzt!

To Do (A):

Betrachte Personalkosten nicht länger als Kosten, nur weil das der buchhalterische Terminus ist. Jedes Gehalt, das das Unternehmen auszahlt, ist eine Investition. Eine Investition in die Zukunft des Unternehmens, wenn man es klug anstellt.

Dazu fällt mir ein Zitat von Reed Hastings (Netflix) ein: *„Wer absteigt, muss mehr Geld in gute Leute investieren, nicht weniger. Denn sonst steigt er weiter ab.“*

Investiere in Deine Leute. Das muss nicht immer ein höheres Gehalt sein. Es sind die kleinen Dinge, die einen Unterschied machen. Aber Du musst herausfinden, welche das sind.

To Do (B):

Apropos klein > groß. Gib Dir unbedingt das Buch *The Little Big Things: 163 Ways to Pursue Excellence* von Tom Peters.

Meine persönlichen Top zehn Punkte von klein > groß aus dem Buch von Tom:

1. Mach Dir die Wertschätzung anderer Menschen zur Gewohnheit.
2. Werde ein professioneller Zuhörer.
3. Sei höflich und zuvorkommend – immer.
4. Saubere Toiletten sind das beste *„Wir kümmern uns“*-Zeichen.
5. Bringe die Leute zum Fliegen. Produziere erfolgreiche Lebensläufe.
6. Pflege Deine internen Kunden: Blumen, Mittagessen et cetera.

7. Freundlichkeit kostet nichts und bringt viel.
8. Benutze *„wir"* und *„uns"* häufiger. Worte sind wichtig: Investition versus Personalkosten.
9. Wie kann ich heute dienen?
10. Shit happens.

To Do (C):

Und wenn Du damit fertig bist, dann gib Dir das Buch *The Dream Manager: Achieve Results Beyond Your Dreams by Helping Your Employees Fulfill Theirs* von Matthew Kelly. Denn Du bist ein Dream Manager. Das Buch hat nur 176 Seiten. 176 klug investierte Seiten.

3.8

Dranbleiben

Wenn die Werte klar sind, dann fallen Entscheidungen leicht

Manchmal läuft es im Leben nicht so, wie wir es geplant haben. Wir alle kennen diese Momente. Bei dem einen ist es die längst überfällige Beförderung, die erneut ausbleibt. Bei einer anderen die lang geplante Weltreise, die aus den unterschiedlichsten Gründen immer wieder verschoben wird. Und bei wieder anderen ist es die digitale Transformation des Unternehmens, die einfach nicht in Fahrt kommt, weil alteingesessene Mitarbeiter sich um ihren Einflussbereich und ihre Macht sorgen.

Wenn sich nach wiederholten Anläufen immer noch kein Fortschritt einstellt oder man sogar um mehrere Schritte zurückgeworfen wird, ist es nur verständlich, dass man einfach aufgeben möchte. Einfach hinschmeißen und einen Schlussstrich ziehen, denn schließlich hat man ja alles versucht. Oder etwa nicht?

Wie alle anderen auch kenne natürlich auch ich solche Momente. So haben meine Frau und ich vor über zwei Jahren eine Immobilie erworben. Wir planten einen Monat für die Modernisierung ein und wollten danach mit unseren Kindern einziehen. Als wir jedoch mit der Modernisierung fertig waren, mussten wir feststellen, dass die Balken, es handelt sich um ein Fachwerkhaus, aufgrund eines Ausführungsfehlers einen Erschöpfungsschaden aufwiesen. Zum Kaufzeitpunkt hatten wir das nicht gesehen.

Nach anwaltlicher Prüfung war eine Rückabwicklung der Immobilie leider nicht möglich. Also mussten wir ran an die Balken und diese sanieren. Wir hatten Glück im Unglück. Da es sich um Gemeinschaftseigentum handelt, wurden die Kosten durch alle Eigentümer geteilt. Auf der anderen Seite zog sich die Sanierung so natürlich hin, weil jeder abgeholt werden wollte. Und dann kam da noch das hochausgelastete Handwerk dazu, was die Sanierung zusätzlich verzögerte.

Nach vielem Hin und Her konnten wir die Balken dann doch noch sanieren. Kurz bevor wir jedoch einziehen wollten, bemerkten wir, dass noch weitere Balken gemacht werden mussten. Diese hatten wir entdeckt, als wir während der Sanierung die abgehängte Decke in den Schlafzimmern rausgenommen hatten, um Raumhöhe zu gewinnen. Da es sich um einen neu entdeckten Schaden handelte, begann das ganze Spiel wieder von Neuem: Abstimmen mit den anderen Eigentümern, Gutachter kommen lassen, Angebote einholen und so weiter. Mittlerweile zieht sich die Sache bereits das dritte Jahr hin.

In solchen Momenten rufe ich mir die Geschichte von Robert Bilott ins Gedächtnis, US-amerikanischer Umweltjurist und ehemaliger Unternehmensanwalt. Auch er hatte sein Leben und seine Karriere eigentlich anders geplant, als es dann schlussendlich kam. Kurz nachdem er sich seine Sporen als Partner der Kanzlei verdient hatte, wurde er von dem Viehzüchter Wilbur Tennant aus Parkersburg mit einem Fall konfrontiert, der sein Leben verändern sollte.

In seinen Recherchen deckte Robert dann auf, dass der Chemiekonzern DuPont in Parkersburg, West Virginia, Perfluoroctansäure (PFOA) in den Ohio River leitete sowie PFOA-haltige Schlämme in einer nicht abgedichteten Deponie entsorgte.

Dies geschah nicht ordnungsgemäß, sodass die Chemikalien unteranderem das Grundwasser kontaminierten. Wodurch unter anderem die Rinder des Viehzüchters Wilbur Tennant erkrankten und starben. Und nicht nur das.

Auch die Menschen von Parkersburg erkrankten an den Chemikalien, wie es Robert gelang nachzuweisen. Woraufhin er DuPont vor Gericht zur Rechenschaft zog.

Nach 16 Jahren Verhandlungszeit hatte er den Konzern dann schließlich so weit, sodass dieser an die betroffenen Einwohner von Parkersburg eine Entschädigung in Höhe von mehreren Millionen US-Dollar zahlten sollte. Nach ersten Zugeständnissen weigerte sich das Unternehmen jedoch die Zahlungen zu tätigen. 16 Jahre Arbeit lagen wie ein Scherbenhaufen vor Roberts Füßen.

In diesen 16 Jahren hatte er seine Karriere als Partner aufs Spiel gesetzt und auch seine Ehe und Familie. Es waren 16 harte Jahre voller Ungewissheiten, Entbehrungen und Enttäuschungen. Robert musste eine Entscheidung treffen. Sollte er den Schlussstrich ziehen? Denn schließlich hatte er wohl alles gegeben. Oder sollte er noch ein weiteres Mal aufstehen und den Kampf aufnehmen?

Robert entschied sich dafür die 3.550 von insgesamt 80.000 betroffenen Einwohnern der Stadt Parkersburg einzeln vor Gericht zu vertreten. Was ungefähr bis zum Jahr 2890 gedauert hätte. In der Verfilmung dieser Geschichte (Vergiftete Wahrheit) wird dieser Moment besonders eindrucksvoll dargestellt. In der Schlussszene (ein bis zum Bersten mit Menschen gefüllter Gerichtssaal) schaut sich der vorsitzende Richter die Klageschrift an, stellt überraschend fest, dass Robert Bilott die Klageseite vertritt, und sagt: *„Mr. Bilott, Sie sind ja immer noch dabei."* Woraufhin Robert antwortet: *„Ja, Sir, das bin ich."*

Für die erste Klägerin, eine Nierenkrebsüberlebende, holt Robert 1,6 Millionen US-Dollar raus. Für den zweiten holt er 3,2 Millionen US-Dollar raus. Dann 6,4 Millionen US-

Dollar. Dann 12 Millionen US-Dollar. Schlussendlich haben die Verantwortlichen bei DuPont die Nase voll und es kommt zu einem Vergleich von 670 Millionen US-Dollar und weiteren 25 Millionen US-Dollar für mögliche Verbindlichkeiten in diesem Zusammenhang. Der Fall wurde als der Teflon-Skandal berühmt und ging um die ganze Welt. Insgesamt zog sich die Auseinandersetzung über 19 Jahre.

19 Jahre voller Ungewissheiten, Entbehrungen und Enttäuschungen. Was sind da schon zwei Jahre mit einem absehbaren Ende? Die Message: Wenn Dir die Sache wirklich wichtig ist, dann ist es Deine Pflicht dranzubleiben.

Und die Dinge haben immer zwei Seiten, so schlecht sie auf den ersten Blick auch sein mögen. In unserem Fall konnten wir unseren Sohn an einer Schule anmelden, die aktuell außerhalb unseres Einzugsgebiets liegt. Wir wollten ihn jedoch unbedingt auf dieser Schule haben, weil sie einen ausgesprochen guten Ruf genießt. Das war einer der Gründe, warum wir die Immobilie erwarben. Darüber hinaus konnten wir unser Netzwerk an Handwerkern erweitern, die wir für unsere zukünftigen Immobilienprojekte gut gebrauchen können.

Und wie war es bei Robert Bilott? Der Teflon-Skandal verhalf ihm zur weltweiten Bekanntheit und beförderte seine Karriere in nie dagewesene Sphären.

To Do:

Wenn die Sache es Dir wert ist, dann bleib verdammt nochmal dran.

Übrigens, wenn die Werte klar sind, dann fallen Entscheidungen leicht. Kennst Du Deine Werte?

3.9

Wie man den Wettbewerb schlägt

Ohne ihn zu schlagen

2005 veröffentlichten W. Chan Kim und Renée A. Mauborgne ihr Buch *Blue Ocean Strategy: How to Create Uncontested Market Space and Make the Competition Irrelevant.* Es war der erste Versuch außerhalb der bis dato dominierenden Management-Lehre von Michael Porter zu denken und zu handeln. Nach Michael und seinem *„Five Forces"*-Ansatz galt es eine Industrie hinsichtlich der fünf Treiber (Potenzielle Konkurrenten, Lieferanten, Abnehmer, Ersatzprodukte und Wettbewerber) zu analysieren, um das eigene Unternehmen optimal vis-a-vis zu positionieren.

Der *„Blue Ocean"*-Ansatz, Du wirst es bereits erahnen, ist jedoch ein gänzlich anderer. Chan und Renée fragten sich, ob es für Unternehmen nicht mehr Sinn machen würde, ihre Wettbewerber links liegen zu lassen. Anstatt sich in einem roten Ozean (ein Markt mit intensivem Wettbewerb) immer weiter vom Wettbewerb auszudifferenzieren, sollten Unternehmen versuchen, einen blauen Ozean (ein Markt mit keinem beziehungsweise geringem Wettbewerb) für sich zu erschließen. Die Idee ist, den Wettbewerb zu schlagen, ohne ihn zu schlagen.

Ein gutes Beispiel hierfür ist die US-Fluggesellschaft Southwest Airlines, auf die auch Chan und Renée in ihrem Buch *Blue Ocean Strategy: How to Create Uncontested Market Space and Make the Competition Irrelevant* Bezug nehmen. Das Unternehmen wurde am 15. März 1967 von Herb Kelleher und Rollin King gegründet. Damals bestand in den USA kein Bedarf an einer weiteren Fluggesellschaft, so dachte man jedenfalls. Der Markt war ein roter Ozean durch und durch. Am Himmel wimmelte es nur so von Wettbewerbern, die bereits seit Jahren den Markt dominierten. Auch die hohen Investitionskosten stellten eine beachtliche Einstiegshürde dar. Und dennoch entschieden sich Herb und Rollin dazu, eine neue Fluggesellschaft auf den Markt zu bringen. Sie nahmen sich jedoch nicht die bestehenden Fluggesellschaften als Wettbewerb, sondern das Automobil.

Herb und Rollin stellten nämlich fest, dass die Amerikaner ihre Autos für Direktfahrten zwischen mittelgroßen Städten nutzten. Das waren Verbindungen, die die etablierten Fluggesellschaften nicht mit Direktflügen abdeckten. Man musste immer über einen der großen Hubs fliegen und mindestens einmal umsteigen. Bei einem Direktflug wäre das Flugzeug jedoch schneller als das Auto.

Auch schnitten Herb und Rollin alles andere ab oder reduzierten es auf ein Mindestmaß, was normalerweise zum Standard in der Branche gehörte. Darunter Drehkreuze, Platzwahl, Lounges und Bordverpflegung. Dadurch schafften sie es, dass der Flug kaum teurer war als die Fahrt mit dem eigenen Auto. Worauf die beiden jedoch großen Wert legten, war der freundliche Service, der die Fluggäste begeisterte. Du erinnerst Dich: Wertschöpfung im 21. Jahrhundert, Aufmerksamkeit, Empathie und so.

Damit war der erste Low-Cost-Carrier der USA geboren. Erstaunlicherweise dauerte es Jahre, bis die etablierten Fluggesellschaften anfingen, eigene Low-Cost-Ableger zu gründen. Stattdessen legten sie Southwest einen Stein nach dem nächsten in den Weg, um den Aufstieg des Newcomers zu verhindern. Eine typische Reaktion für etablierte Player, wie zahlreiche andere Beispiele beweisen.

Ich persönlich kann das Buch *Blue Ocean Strategy: How to Create Uncontested Market Space and Make the Competition Irrelevant* jedem nur wärmstens empfehlen, der neue Impulse benötigt, wie man den Wettbewerb schlägt, ohne ihn zu schlagen. Und wenn ich schreibe jedem, so meine ich jedem. Egal ob Unternehmenslenker oder Mitarbeiter.

Anstatt sich mit dem Wettbewerb zu messen und zu schauen, was dieser macht, sollte man sich lieber fragen, wo sich ein Markt für Kundenbedürfnisse befindet, die noch keiner adressiert. Und wenn man dann seinen blauen Ozean gefunden hat, dann sollte man die Chance ergreifen und diesen besetzen. Egal ob man sich dazu bereit fühlt oder nicht. Anschließend kann man immer noch lernen wie es funktioniert. Aber erstmal sollte man Gas geben.

To Do:

Wo existiert ein Markt, der brachliegt, mit einem Kundenbedürfnis, das vom Wettbewerb nicht adressiert wird?

Wie man diese Frage systematisch beantworten kann, erfährst Du in dem Buch *Blue Ocean Strategy: How to Create Uncontested Market Space and Make the Competition Irrelevant.*

3.10

Wo fängt man an?

Davorstehen und in der Nase bohren bringt Dich nicht weiter

Spätestens seit der Erfindung des Begriffs *„Industrie 4.0“* auf der Hannover Messe am 14. April 2013 wissen wir, dass da etwas in der Luft liegt, also ich meine die Digitalisierung. Wir wissen auch, dass wir die Produktivität und Effizienz unserer Unternehmen mit Hilfe der Digitalisierung steigern können. Doch bei der Frage *„Wo fängt man an?“* stehen wir teilweise immer noch wie der Ochse vorm Berg. Und wissen nicht, wie wir dieses komplexe Thema für uns greifbar und handhabbar machen sollen.

Diese Frage begegnet mir immer wieder bei meiner Arbeit und genau dieser Frage widmet sich dieses Kapitel. Damit ist es all denen gewidmet, die nicht wissen, wo sie anfangen sollen. Aus den unterschiedlichen Veranstaltungen, Begegnungen und Gesprächen mit Unternehmern sowie deren Beschäftigten konnte ich feststellen, dass diejenigen, die sich erfolgreich auf den Weg gemacht haben beziehungsweise bereits auf dem Weg sind, eine große Gemeinsamkeit eint: Sie sind reflektiert. Natürlich sind da auch noch andere Faktoren, die sich von Branche zu Branche unterscheiden, aber diese Gemeinsamkeit ragt heraus wie keine andere.

Verantwortliche und Beschäftigte, die die Digitalisierung für sich greifbar machen konnten, haben sich die Zeit zum Reflektieren genommen. Was natürlich nicht immer einfach ist, da man im Tagesgeschäft oftmals mit ganz anderen Dingen beschäftigt ist. Doch, und hier nehme ich nicht zu viel vorweg, es lohnt sich. Früher oder später werden es alle machen müssen. Die einen freiwillig und weil sie sich jetzt die Zeit dafür nehmen und die anderen gezwungenermaßen, weil die Luft zum Überleben zu dünn wird. Dabei sind die dafür notwendigen Schritte alles andere als kompliziert. Man muss sie einfach nur mit Leben füllen. Also, wo fängt man an?

Bedarf

Wie bei allem anderen auch, und Du wirst es sicherlich aus Deinem Unternehmensalltag kennen, fängt alles bei der Ermittlung des Bedarfs an. Welchen Bedarf haben Deine Mitarbeiter? Welchen Bedarf haben Deine Kunden? Wie kann Digitalisierung hier helfen? Das ist der erste Schritt. Um die unterschiedlichen Bedarfe zu erfüllen, muss man jedoch ins Handeln kommen. Man muss die unterschiedlichen Stakeholder an einen Tisch bringen. Ohne den Input der Betroffenen geht es einfach nicht. Und dann? Nun, dann kommt das eigentlich Spannende.

Action

Ihr kommt ins Handeln. Oder wie ich es bezeichne: In Action. Vielleicht kennst Du ja den Film *Over the Top* aus dem Jahr 1987 mit Sylvester Stallone in der Hauptrolle des einsamen Truckers Lincoln Hawk, der sich mit Armdrücken etwas Geld dazuverdient. Beim Armdrücken ist es am Anfang oftmals so, dass scheinbar kaum was passiert. Die Kontrahenten hängen sich am Anfang voll rein und schenken sich gegenseitig nicht einen einzigen Millimeter. Doch irgendwann stellen sich die ersten Ermüdungserscheinungen ein und dann geht es für denjenigen mit der größten Ermüdung umso schneller in Richtung Tischplatte.

Im Grunde ist es mit der Digitalisierung nicht anders. Am Anfang werden Du und Deine Mitarbeiter unglaublich viel in Action sein, ohne dass sich merklich etwas tut. Ihr werdet vielleicht die eine oder andere Veranstaltung besuchen. Euch mit Gleichgesinnten sowie Experten austauschen. Das ein oder andere Fellowship Programm absolvieren. Sowie das ein oder andere Konzept entwickeln, das in die Umsetzung kommen soll. Und dann, irgendwann, werdet Ihr merken, dass Ihr langsam, aber sicher die Oberhand über das Thema gewinnt und Eure Maßnahmen anfangen zu greifen.

Kompetenz

Und noch etwas anderes wird passieren. Ihr beginnt durch all die Action, digitale Kompetenzen zu entwickeln. Was nicht weiter verwunderlich ist, da sich die Dinge entwickeln, wenn man sich mit ihnen beschäftigt.

Diese drei Punkte mögen banal wirken und doch stellen sie die Basis dar für alles, was wir bisher gemeistert haben und für alles, was wir zukünftig noch meistern werden. So lerne ich aktuell das Skateboard fahren. So hast Du als Kind Fahrrad fahren gelernt. So hast Du Deinen Beruf erlernt. Und so wirst Du auch die Digitalisierung für Dich meistern.

Dies ist eines der letzten Kapitel dieses Buches und es geht mit großen Schritten dem Ende zu, also dem Ende dieses Buches. Mein größtes Anliegen ist es, Dich zum Handeln zu bringen. Ich weiß, dass Davorstehen und in der Nase bohren deutlich einfacher ist. Neben der meditativen Wirkung gibt es jedoch ein Problem mit dem Bohren in der Nase, es bringt Dich nicht zum Handeln. Es sei denn, Du bohrst zu tief, sodass das Blut herausgespritzt kommt. Dann musst Du etwas tun, um die Blutung zu stoppen.

Dies soll Dir bei der Digitalisierung jedoch nicht passieren. Also nimm Dir die Zeit und investiere sie in Deine

Zukunft beziehungsweise in die Zukunft Deines Unternehmens.

To Do:

Dein Bedarf? Deine Action? Deine Kompetenz?

Diese drei Fragen lassen sich nicht auf Anhieb beantworten. Investiere Zeit in ihre Beantwortung.

An dieser Stelle fällt mir eine Aussage des Multi-Milliardärs Dan S. Peña ein: *„Stelle fest, wo das meiste Geld reinkommt, und investiere Deine Zeit genau dort.“*

Link zu diesem Kapitel:

- In welchem Bereich kommt das meiste Geld rein und wie ließen sich diese Einnahmen mittels der Digitalisierung überproportional steigern?
- Wo entstehen die höchsten Kosten (auch hier kommt viel Geld rein, nur halt nicht bei Dir) und wie ließen sich diese mittels der Digitalisierung senken?
- Wo fördert der Staat gerade wie verrückt und wie kannst Du davon profitieren? Aktuell stellen beispielsweise USA, Europa und China Milliarden für die Förderung der Halbleiterbranche zur Verfügung.

3.11

Managing Change

„Sei Du selbst die Veränderung, die Du Dir für diese Welt wünschst.“

Wenn ich bei meinen Vorträgen das Publikum frage, wer glaubt, dass Veränderungen neue Energie freisetzen und Gutes bewirken können, dann geht der Großteil der Hände nach oben. Wenn ich jedoch anschließend frage, wer sich in nächster Zeit verändern möchte, dann will das in der Regel nur eine Minderheit.

Diese kurze Umfrage von mir hat sich seit Jahren nicht verändert und liefert immer dieselben Ergebnisse. Menschen wollen keine Veränderungen. Am liebsten ist es uns, wenn es einfach so weiterläuft, auch wenn wir mit der Situation unzufrieden sind. Ein altes Sprichwort besagt: *„Der Teufel, den man kennt, ist einem lieber als der Teufel, den man nicht kennt."*

Wenn man Menschen drei Auswahlmöglichkeiten gibt, so entscheiden sich die meisten für die gemäßigte Variante, für die Mitte eben. Was sich beispielsweise seit jeher in der Politik beobachten lässt, bei der die meisten die Mitte wählen. Erst wenn es so richtig ungemütlich wird, wenn der Schmerz unerträglich ist, sind wir bereit für Veränderungen und auch den Preis, den man dafür bezahlen muss. Ein gutes Beispiel hierfür ist der aktuelle Krieg in der Ukraine und die damit verbundenen Verwerfungen auf den Energiemärkten, weil sich Europa von Russland als günstigen Energielieferanten abwendet.

Natürlich wäre es einfacher gewesen, die Abhängigkeit von russischen Energieträgern in Friedenszeiten zu reduzieren. Doch wie gesagt, wir Menschen wollen keine Veränderungen. Unter anderem auch, weil sie uns viel Energie kosten. Es braucht Energie und Anstrengung, um sich aufzumachen und die Komfortzone zu verlassen.

Wie bereits berichtet, hat die Beratungsgesellschaft McKinsey & Company festgestellt, dass 70 Prozent der Change-Prozesse in Organisationen scheitern. Die Hauptherausforderung, nahezu 65 Prozent, ist dabei ein fehlendes Commitment des Top-Managements und ein mangelndes Engagement seitens der Mitarbeiter.

Wenn seitens der Mitarbeiter Bedenken aufkommen wie:

- Kannibalisieren wir uns nicht selbst durch die Veränderung?
- Warum sollten wir uns verändern? Es läuft doch alles.
- Wo wird mein Platz sein, wenn wir uns verändern?
- Werden wir Erfolg haben?

Und diese dann nicht aufgefangen werden, dann sieht es schlecht aus um die Veränderung. Was also tun? Nun, laut der Experten von McKinsey & Company ist ein festes Commitment durch das Top-Management schonmal die halbe Miete. Dazu fallen mir die Worte von Mahatma Gandhi ein: *„Sei Du selbst die Veränderung, die Du Dir für diese Welt wünschst.“*

Ein weiterer hilfreicher Punkt ist die Beteiligung der Mitarbeiter am Change-Prozess. Hier greift erneut der Gedanke von Dale Carnegie: *„Lassen Sie den anderen glauben, die Idee stamme von ihm.“* Wenn Menschen eine Idee mitgestalten können, dann wird diese automatisch zu ihrem Baby.

Was uns zum dritten Punkt führt, bei dem es darum geht, in der Frühphase des Change-Prozesses Mitstreiter und

Botschafter für die Veränderung zu gewinnen. Anstatt sich auf die notorischen Nörgler und Blockierer zu konzentrieren, sollte man so viele Verbündete gewinnen, wie es geht. Ein Vorgehen übrigens, mit dem Politiker bestens vertraut sind. Wenn man dann die Mehrheit auf seiner Seite hat, dann hat die Opposition oftmals keine Chance mehr.

Und man sollte natürlich gerade am Anfang ein paar schnelle Erfolg vorweisen können, die sogenannten *„Low Hanging Fruits"*, um die Moral der Mannschaft oben zu halten und die Opposition zum Schweigen zu bringen. Klingt irgendwie hart, die Opposition zum Schweigen bringen, aber Du weißt, was ich meine. Die in diesem Buch von mir vorgestellten Ideen sind weder gut noch schlecht. Sie können sowohl für eine gute Sache als auch für eine schlechte verwendet werden. Sie funktionieren, das weiß ich aus erster Hand, also aus meiner Hand. Und ich gehe mal davon aus, dass es bei Dir um eine gute Sache geht. Deshalb möchte ich sie mit Dir teilen. Wenn Du die digitale Transformation oder überhaupt irgendeine Transformation in Deinem Unternehmen vorantreiben willst, dann solltest Du alles nutzen, was Dir zur Verfügung steht.

Doch wie holt man ganz praktisch Menschen ab, die eine begründete Angst vor der Veränderung und der ungewissen Zukunft haben? Nachfolgend möchte ich Dir drei praxiserprobte Methoden präsentieren, mit denen genau das gelingen kann.

Die Sandwich Methode

Produzenten von neuen Songs sowie Radiosender, die die Songs erstmalig ausstrahlen, stehen bei jedem potenziellen Hit vor einem nicht trivialen Problem. Und zwar die Ungewissheit, ob der Song als Hit einschlagen wird oder nicht. Was also tun, wenn man die Chance auf einen neuen Hit verbessern möchte?

Man kann es glauben oder nicht, Fakt ist jedoch, dass wir Menschen von Natur aus Gewohnheitstiere sind. Und wenn wir uns erstmal an etwas gewöhnt haben, dann wollen wir es nicht mehr missen und tun uns gleichzeitig mit Veränderungen schwerer. Insbesondere wenn Veränderungen radikal neu sind. Dieses menschliche Verhalten lässt sich jedoch nutzen, um Menschen für etwas Neues zu öffnen.

Die Methode besteht darin, dass man einen neuen Song zwischen zwei altbewehrten Hits platziert. Dadurch hören Zuhörer vorweg etwas Bekanntes, das sie bereits gut finden, anschließend kommt der neue potenzielle Hit und dann wieder etwas Bekanntes.

Der psychologische Trick dahinter: Das positive Gefühl, das mit den bekannten Hits verbunden ist, überträgt sich auf den neuen Song, wodurch die Wahrscheinlichkeit für die Akzeptanz des Songs steigt.

Mittlerweile ist die Sandwich Methode weit verbreitet und findet ihre Anwendung in den unterschiedlichsten Bereichen, wie Feedback-Gesprächen, Marketing, Verkauf oder Verhandlungen. Und aufgrund ihrer Universalität lässt sie sich natürlich auch im Kontext der digitalen Transformation einsetzen, um die Mitarbeiter für die zukünftigen Veränderungen in der Arbeitswelt zu öffnen und zu begeistern.

Ideen teilen, Feedback einbeziehen

Womit wir auch schon bei der nächsten Methode wären. Ich weiß nicht, wie es Dir geht, aber ich fühle mich übergangen, wenn wichtige Entscheidungen, die insbesondere meine Zukunft betreffen, über meinen Kopf hinweg getroffen werden. Da ist es nur natürlich, dass ich bei den für mich relevanten Themen mitsprechen möchte. Und so geht es natürlich nicht nur mir, sondern anderen Menschen auch.

Es ist nur natürlich, dass jeder von uns eine Meinung zu einem bestimmten Thema hat. Und diese Meinung verdient es, gehört und auch berücksichtigt zu werden, wenn auch nicht immer zu 100 Prozent. Aus diesem Grund bedienen sich effektiv arbeitende Führungskräfte einer Methode, die ich bereits weiter oben mit den Worten von Dale Carnegie anklingen lassen habe, um andere für ihre Ideen zu gewinnen.

In einem ersten Schritt teilen sie, die Führungskräfte, ihre Idee mit anderen und holen sich Feedback ein. Im zweiten Schritt arbeiten sie das Feedback in ihre ursprüngliche Idee ein, soweit sie das Feedback als zielführend und bereichernd finden. Und im dritten Schritt präsentieren sie die überarbeitete Idee erneut den anderen.

Der psychologische Trick dahinter: Studien haben gezeigt, dass wir Menschen uns mit neuen Ideen stärker identifizieren können, wenn wir in ihnen etwas von uns wiederfinden. Das gibt uns das Gefühl, dass die Idee von uns sei. Wodurch wir uns besser mit der Idee identifizieren können und eher mitziehen.

Erlebnisse schaffen

Was jedoch tun, wenn Mitarbeiter keinen Sinn in der Veränderung sehen? Ja, auch so etwas soll es geben. Nun, dann gibt es im Grunde nur zwei Möglichkeiten: 1) Die betroffenen Mitarbeiter verlassen das Unternehmen. 2) Die Mitarbeiter erfahren den Sinn hinter der Veränderung am eigenen Leib und öffnen sich so für sie.

Vielleicht ein plakatives Beispiel, um die Methode zu verdeutlichen? Angenommen Deine Mitarbeiter stellen Tag ein Tag aus Hochleistungsbremsen für den Automobilhersteller Porsche her, ohne jemals selbst einen Porsche gefahren zu haben. Herstellen, Einpacken und Verschicken, immer und immer wieder, ohne zu wissen, wie sich das Endergebnis anfühlt. Das kann ziemlich öde und nicht besonders motivierend sein. Die Lösung, um die Mitarbeiter für die Tätigkeit zu motivieren, ist jedoch alles andere als öde. Sie ist sogar sehr aufregend, denn sie besteht aus einem teambildenden Event, bei dem die Fahrzeuge, in denen die Bremsen eingebaut sind, von den Mitarbeitern Probe gefahren werden.

Wenn Deine Mitarbeiter anschließend gefragt werden, was sie machen, dann stehen die Chancen relativ gut dafür, dass sie statt *„Ich mache Bremsen."*, *„Ich mache Porsche!"* antworten. Und mal ganz ehrlich, was würdest Du persönlich lieber antworten wollen?

Wenn Dir die Porsche Testfahrt zu teuer und aufwendig ist, dann kannst Du mich auch als Keynote Speaker buchen. Durch meinen kurzweiligen, humorvollen und charmanten Vortragsstil begeistere ich die Menschen für die Möglichkeiten des 21. Jahrhunderts. Jedenfalls sagen das andere über mich. Aber zurück zum Thema.

Übertragen auf die digitale Transformation bedeutet das, dass Du Deine Mitarbeiter die Möglichkeiten der Digitalisierung erfahren lassen solltest. Anschließend trittst Du mit ihnen in den Austausch. Was wird als Bereicherung empfunden? Worin wird eine Verbesserung gesehen? Welche Freiräume entstehen? Welche Herausforderungen sind mit der Transformation verbunden? Wie können die Herausforderungen gemeistert werden? Was muss umgesetzt werden, um die Transformation und damit die Zukunft Wirklichkeit werden zu lassen?

To Do:

Probiere eine oder alle drei Methoden aus und gib mir gerne ein Feedback zu Deinen erzielten Ergebnissen. Ich freue mich darauf!

Und lass Dich von denen leiten, die bereits viele andere Menschen erfolgreich geleitet haben:

Mahatma Gandhi: *„Sei Du selbst die Veränderung, die Du Dir für diese Welt wünschst.“*

Dale Carnegie: *„Lassen Sie den anderen glauben, die Idee stamme von ihm.“*

3.12

Unsere Entscheidungen

„Menschen (Führungskräfte) dienen Menschen (Mitarbeiter) dienen Menschen (Kunden)."

„Alle nutzen es. Und wenn Du es selbst nicht nutzt, dann bedeutet das einen Verlust." Das ist die Antwort eines Markthändlers auf die Frage, warum er seinen Kunden eine digitale Bezahlmöglichkeit anbietet (chinadaily.com). Der Markthändler hat seinen Stand jedoch nicht etwa auf einem Wochenmarkt bei uns in Deutschland, sondern in der Hauptstadt der Zhejiang Provinz in China. Und die Frage bekam er nicht heute gestellt, sondern im Mai 2017.

Als mir meine Kollegen über ihre ersten Delegationsreisen nach China berichteten, klang immer wieder durch, wie beeindruckend die Geschwindigkeit ist, mit der China die Digitalisierung der Wirtschaft und Verwaltung vorantreibt. So hatten sie bei ihrem ersten Besuch das Gefühl, dass sie die einzigen seien, die noch mit Bargeld bezahlen wollten.

Ich bin mir nicht sicher, ob all unsere Wochenmarkthändler bereits digitale Bezahlmöglichkeiten anbieten. Doch auch bei uns in Deutschland hat das digitale Bezahlen durch die Corona-Pandemie zunehmend an Bedeutung gewonnen. Mittlerweile bietet mir sogar mein Bäcker des Vertrauens die Möglichkeit, meine Brötchen mit der Karte zu bezahlen. Für den Kontext: Ich wohne im Flecken Salzhemmendorf. Alleine das Wort *„Flecken"* sollte im geographischen Zusammenhang alles sagen.

Doch im Grunde ist das Bezahlen mit Karte längst ein alter Hut. Stell Dir vor, es gebe nur noch Supermärkte ohne Kassen, in die Du gehst, um Dich vollkommen dem Einkaufserlebnis hinzugeben. Produkte aussuchen und ausprobieren, ohne am Ende in der nervigen Kassenschlange stehen zu müssen. Das ist doch was.

Amazon betreibt derartige Läden unter der Marke Amazon Go. Die Kunden loggen sich mit einer App bequem über einen QR-Code im Laden ein und können dann einfach einkaufen. Wenn sie alles beisammenhaben, gehen sie einfach aus dem Laden und der Einkauf wird automatisch bezahlt. Ermöglicht wird das durch zahlreiche Sensoren und Kameras im Laden selbst sowie den Einsatz von künstlicher Intelligenz.

Bisher betreibt Amazon etwa 30 solcher Läden in ganz Nordamerika. Aber auch bei uns in Deutschland experimentieren immer mehr Einzelhändler mit dieser Technologie, wie beispielsweise Rewe. Im Oktober 2021 eröffnete das Unternehmen seinen ersten kassenlosen Supermarkt in Köln. Der Check-out im stationären Einzelhandel wird also auch bei uns in Deutschland zunehmend kontaktlos und insbesondere kassenlos.

Spinnt man das ganze weiter, sodass zukünftig alle stationären Läden ein derartiges Check-out-System nutzen, dann sind in Deutschland davon 980.000 Menschen betroffen, die im Einzelhandel arbeiten. In Nordamerika wären es 3,35 Millionen. Natürlich wäre davon in erster Linie die Kassiertätigkeit betroffen und nicht gleich der ganze Arbeitsplatz.

Aber auch alternative Systeme wie Self-Service-Kassen, die bei uns in Deutschland deutlich stärker verbreitet sind, zeigen, wohin die Reise gehen kann. Im IKEA Hannover EXPO-Park braucht es beispielsweise nur einen Mitarbeiter, um sechs solcher Kassen zu betreiben. Die Kunden scannen alle Produkte selbst und bezahlen anschließend die Ware. Wenn ich es mir recht überlege, passt das sogar zu der Grundidee von IKEA: Kunden können ihre Möbelstücke selbst aufbauen. Und jetzt können sie sogar ihren

Einkauf selbst abkassieren. Es ist authentisch, kommt bei den Kunden gut an und ermöglicht dem Unternehmen Einsparpotenziale zu heben.

Was mich wieder zu dem chinesischen Markthändler von weiter oben führt. Disruptoren beziehungsweise disruptive Technologien greifen dort an, wo die größte Ineffizienz ist. Es muss für die Kunden bequem sein. Und je bequemer es ist, desto mehr Menschen nutzen die Technologie auch. Irgendwann nutzen es quasi alle und wenn man es selbst nicht nutzt, dann verliert man an Kunden, an Umsatz, an Wettbewerbsfähigkeit.

Ich bin ein großer Fan der Digitalisierung. Doch sie wird sicherlich viele Tätigkeiten verschwinden lassen. Gleichzeitig werden zahlreiche neue Tätigkeiten entstehen. Im Mittelpunkt wird jedoch immer der Mensch stehen, davon bin ich überzeugt. So ärgere ich mich selbst über zu lange Warteschlangen an den Kassen und da bin ich nicht allein, siehe beispielsweise das Kundenschmerz-Ranking 2017 (handelsdaten.de). Und so kommt es, dass unsere Entscheidung bestimmte Technologien zu nutzen, zu deren Aufstieg führt.

Was ich mit diesem Kapitel weitergeben möchte, ist, dass es auf uns und unsere Entscheidungen ankommt, ob wir von der Digitalisierung profitieren oder nicht. Von unserer Entscheidung als Kunden durch einen kassenlosen Checkout Zeit zu sparen. Von unserer Entscheidung als Beschäftigte mit der Digitalisierung ein sagenhaftes Kundenerlebnis zu schaffen. Und insbesondere von unserer Entscheidung als Führungskräfte unsere Mitarbeiter fit für die Zukunft zu machen. Letzteren wird bei der digitalen Transformation eine entscheidende Rolle zuteil, ich meine natürlich die Führungskräfte.

Wenn Du eine Führungskraft bist, dann ist es Deine Aufgabe, Dich um Deine Angestellten zu kümmern. Trainiere sie. Immer und immer wieder. Behandle sie mit Freundlichkeit und Respekt, denn sie sind der Grund, warum Du dort bist, wo Du aktuell stehst. Und helfe ihnen, sich auf die Herausforderungen von morgen vorzubereiten. Das ist Deine verdammte Aufgabe. Oder wie es der Management Guru Tom Peters ausdrückt: *„Menschen (Führungskräfte) dienen Menschen (Mitarbeiter) dienen Menschen (Kunden).“* Und dann dient auch die Digitalisierung den Menschen und nicht umgekehrt.

To Do:

Diene Menschen, die anderen Menschen dienen.

Ende

Ein letztes Wort

Mitarbeiter zuerst

Und hierfür möchte ich ein letztes Mal in diesem Buch Herb Kelleher und sein Unternehmen Southwest Airlines heranziehen. Herb machte einfach vieles richtig, nicht nur in wirtschaftlicher Hinsicht, sondern insbesondere in menschlicher. Er hinterließ ein Vermächtnis, das zur Identität von Southwest geworden ist und von dem es zu lernen gilt.

Herb und sein Team setzten zahlreiche Standards in der Branche, dazu gehört unter anderem die Etablierung der Low-Cost-Carrier, wie wir sie heute kennen. Insbesondere in der Anfangszeit hatte es Southwest jedoch alles andere als leicht. Als die etablierten US-Fluggesellschaften merkten, dass Southwest mit dem *„Low-Cost"*-Ansatz Erfolg hat, setzten sie alles daran, um den Newcomer aus der Branche zu drängen.

„In der Anfangszeit brauchte Southwest einen Anwalt mehr als alles andere", sollte Herb später immer wieder in Interviews betonen. Gut, dass er von Haus aus einer war. Aber es brauchte auch noch etwas anderes: engagierte Mitarbeiter.

Im Jahr 1972, nur wenige Jahre nach der Gründung, schrieb das Unternehmen einen Nettoverlust von 1,6 Millionen US-Dollar und sah sich gezwungen eines seiner vier Flugzeuge zu verkaufen. Damit hätte das Unternehmen die bestehenden hochfrequentierten Verbindungen zwischen mittelgroßen Städten nicht mehr halten können. Die Kernidee von Southwest stand in Flammen, ach was, das ganze Unternehmen stand im Flammen.

Herb und sein Team arbeiteten Tag und Nacht daran die Kosten zu senken und den Umsatz zu steigern. Die Lösung brachte schließlich eine naheliegende, wenn auch gleich radikale Idee. Wenn es die Bodencrews schafften, die Flugzeuge in nur zehn Minuten wieder startklar zu machen, dann könnten alle Verbindungen aufrecht erhalten und das Unternehmen vor dem Ruin gerettet werden. Das war die Geburtsstunde der legendären *„10-Minuten-Abfertigung“*.

Zehn Minuten für die komplette Abfertigung eines Flugzeugs, auch wenn es sich um Kurzstrecke handelt, klingt nicht nur heute verrückt, das war es auch 1972. Damals brauchte es etwa 30 Minuten, um ein Flugzeug nach der Landung wieder startklar zu machen. In ihrer Not schafften es die Teams von Southwest die Abfertigung der Flugzeuge jedoch tatsächlich auf nur zehn Minuten zu verkürzen und so alle Verbindungen zu erhalten.

Das ging aber nur, weil alle anpackten, wirklich alle. Selbst die Piloten packten an, um beispielsweise bei der Reinigung des Innenraums der Maschinen zu helfen. Direkt nach der Landung ging die Boardcrew durch die Reihen und holte das Gepäck der Passagiere heraus. Als dann die Türen aufgingen, waren diese bereit das Flugzeug zu verlassen. Die neuen Passagiere warteten bereits auf dem Rollfeld in einer Schlage stehend. Zeitgleich entlud die Bodencrew das Flugzeug und betankte es wieder, während die Boardcrew den Innenraum für die neuen Passagiere vorbereitete. Dies passierte teilweise so schnell, dass einige Passagiere noch ihre Sitzplätze suchten, während das Flugzeug bereits in Richtung Startbahn rollte.

Im darauffolgenden Jahr machte Southwest seinen ersten Gewinn und schrieb seitdem nur noch einmal rote Zahlen, und zwar während der Corona-Pandemie.

Heute braucht es etwa 40 bis 45 Minuten, um ein Kurzstreckenflugzeug wieder startklar zu machen. Aufgrund der Sicherheitsvorschriften ist es heute auch undenkbar, dass Passagiere noch ihren Sitzplatz suchen, während das Flugzeug in Richtung Startbahn rollt. Damals sorgte das beschriebene Vorgehen jedoch für die Rettung des Unternehmens.

Zeitsprung: 2009 hielten Southwest Airlines und American Airlines am selben Tag in Dalles, wo beide Unternehmen ihren Hauptsitz haben, ihre Hauptversammlung ab. Die Versammlung von American wurde von der Pilotengewerkschaft APA bestreikt. Auf der Versammlung von Southwest wurde Herb Kelleher nach 37 Dienstjahren in den Ruhestand verabschiedet. Die Pilotengewerkschaft von Southwest investierte ein kleines Vermögen, um landesweit in Tageszeitungen wie The New York Times und USA Today ganzseitige Anzeigen zu schalten, um sich bei Herb für seine 37 Dienstjahre zu bedanken sowie für die Unterstützung der Gewerkschaft und ihrer Piloten. GANZSEITIGE Anzeigen. G-A-N-Z-S-E-I-T-I-G-E. Ein kleiner Unterschied, oder?

Die Botschaft: Behandle Deine Mitarbeiter wie Kunden. Denn nur mit ihrer Hilfe gelingt es kleinen Playern, eine Branche auf den Kopf zu stellen. Es sind die Ideen der Mitarbeiter, die all den Davids dieser Welt zum Sieg über die Goliaths verhelfen.

Zeitsprung: Ein paar Tage nachdem ich dieses Kapitel geschrieben habe, hatte ich einen *„Mind Blowing“*-Moment. Ich erkannte, dass man nicht zwingend ein guter Mensch sein muss, um Herausragendes zu leisten. Man muss auch nicht besonders freundlich mit seinen Beschäftigten umgehen. Der CEO von Ryanair, Michael O’Leary, schaute sich als junger Manager alles bei Southwest ab, um Ryanair wieder in die Spur zu bringen. Was ihm auch gelang. Ryanair ist heute wohl der erfolgreichste Low-Cost-Carrier in Europa. Nur eine Sache übernahm er nicht. Das Motto von Herb Kelleher: Mitarbeiter zuerst.

Ich erkannte aber auch, dass ich die Wahl habe, zu wem ich aufschauen und wem ich nacheifern möchte. Für mich ist das Herb Kelleher.

To Do:

Wie soll das Vermächtnis aussehen, das Du hinterlässt?

Printed in Poland
by Amazon Fulfillment
Poland Sp. z o.o., Wrocław

51154763R00174